친절한 대학의 다시 배우는 영어교실 ①

친절한 대학의 다시 배우는 영어 교실 1

초판 발행 · 2019년 12월 30일
초판 11쇄 발행 · 2023년 4월 7일

지은이 · 이상현
발행인 · 이종원
발행처 · (주)도서출판 길벗
브랜드 · 길벗이지톡
출판사 등록일 · 1990년 12월 24일
주소 · 서울시 마포구 월드컵로 10길 56(서교동)
대표 전화 · 02)332-0931 | **팩스** · 02)323-0586
홈페이지 · www.gilbut.co.kr | **이메일** · eztok@gilbut.co.kr

기획 및 책임 편집 · 김지영(jiy7409@gilbut.co.kr) | **표지 디자인** · 강은경 | **본문 디자인** · 장선숙
제작 · 이준호, 손일순, 이진혁 | **마케팅** · 이수미, 장봉석, 최소영
영업관리 · 심선숙 | **독자지원** · 윤정아, 최희창

교정교열 · 오수민 | **전산편집** · 장선숙 | **CTP 출력 및 인쇄** · 북토리 | **제본** · 신정문화사

ISBN 979-11-6050-642-6 03740 (길벗 도서번호 301036)

이 도서의 국립중앙도서관 출판예정도서목록(CIP)은 서지정보유통지원시스템 홈페이지(http://seoji.nl.go.kr)와
국가자료종합목록 구축시스템(http://kolis-net.nl.go.kr)에서 이용하실 수 있습니다. (CIP제어번호 : 2019048112)

정가 13,000원

이지 쌤(이상현) 지음

①

길벗
이지:톡

머리말

"영어가 안되니 패키지 여행을 가는 수밖에요."

"영어로 된 간판을 읽고 싶어요"

"텔레비전에서 어쩜 그렇게 영어를 섞어 쓰는지……"

50대 이상의 분들이라면 한번쯤 생각해보았을 겁니다. 영어를 배우고 싶은 마음은 늘 있지만 생업이 바빠서, 아이들 키우느라 시간이 없어서, 어디서 어떻게 배워야 하는지 몰라서 시작조차 못하신 분들이 참 많습니다.

그나마 용기를 내서 영어 수업에 참석했던 분들마저 이렇게 말하더군요. "이해가 전혀 되지 않는데 진도만 나가서 중도에 포기했습니다", "청년들과 수업을 듣다 보니 모르는 게 있어도 질문할 수가 없었어요."

맞습니다. 쉽지않죠. 그런데 시작 안하길 참 잘하셨어요.
진정으로 여러분을 위한 수업은 없었거든요.

영어 교육에서 50대 이상 분들은 늘 변두리 취급 당해야 했습니다. 배우고자 하는 열망은 그 누구보다도 강한데 수준에 맞게 가르쳐주는 곳은 없었습니다.

이런 고충을 해결해 드리고자 저는 18년 12월 유튜브에 '친절한 대학' 이란 기초 영어 채널을 만들었습니다.

'친절한 대학'은 4년이 지난 현재 구독자 수 98만명, 누적 조회수 8,000만회를 달성하며 영어 교육 채널 중 가장 빠르게 성장하고 있습니다. 제 수업이 특별 해서가 아닙니다. 50대 이상 분들의 영어 단어를 읽고, 듣고, 말하고 싶은 마음, 자유로이 여행을 다니고 싶은 마음, 자녀나 손녀들에게 부끄럽지 않고 싶은 마음, 다시 한번 배움의 희열을 느끼고 싶은 마음들이 모여 만들어진 결과라고 생각합니다.

"배움의 설렘을 다시 느꼈습니다" 라는 댓글이 가장 마음에 와 닿았습니다. 70세부터 영어 공부를 망설이다가 90세에 영어를 시작한 아버님께서는 "90세에 시작한 공부가 너무 재미있어요. 70세에 시작하지 않은 것이 후회됩니다." 라고 말하셨어요.

여러분도 당장 오늘부터 시작하세요. 절대 늦지 않았습니다.

취업을 위해, 생계를 위해 영어가 필수가 아닌 이상 영어 공부는 의무가 아닙니다. 영어 공부에서 배움의 즐거움을 다시 찾고, 목표를 달성해 나가는 성취감을 느끼며 아주 천천히 반복해 나가면 됩니다.

날마다 영어가 조금씩 느는 재미와 성취감을 드리겠습니다.

많은 구독자들이 보이지 않던 영어 간판과 표지판이 보이고, 외국인들이 말하는 단어가 드문드문 들리고, 간단하게나마 영어로 이야기하고 있다고 합니다. 조금 늦은 영어 공부라 더 재미있고 가슴이 벅차다고 하십니다.

여러분도 영어 공부 성공할 수 있습니다.
세상에서 제일 쉽고 재미있게 알려드릴게요.

정말입니다. 그리고 수업료 걱정은 하지 마세요. 유튜브에서 무료로 강의하니까요. '친절한 대학' 이 조금 늦은 배움을 지원합니다. 또 응원합니다.

유튜브 '친절한 대학'의 이지 쌤

1장
이 책의 동영상 보는 법

2장
세상 제일 친절하고 쉬운 강의 – 영어 읽는 법

3장
모르면 안되는 영단어 & 다시 배우는 영어 회화와 문법

1장

이 책의 동영상 보는 법

이 책은 모든 동영상 강의는 유튜브(YouTube)를 통해 제공합니다. 동영상은 스마트폰으로 볼 수 있는데요. 스마트폰을 잘 다루지 못해도 전혀 걱정하지 마세요. 처음부터 끝까지 아주 쉽게 설명해 드리니까요.
본격적으로 영어를 학습하기 전에 동영상 보는 법부터 숙지하고 넘어가세요.

 유튜브에서 '친절한 대학' 채널 찾는 법 & 구독하는 법

'유튜브(YouTube)'는 전 세계적으로 사용하는 동영상 공유 사이트입니다. 다른 사람이 올린 동영상을 무료로 볼 수 있고, 반대로 내가 만든 동영상을 직접 업로드 할 수 있습니다.

자료가 방대한 유튜브에서 이 책의 동영상이 모여있는 '친절한 대학' 채널을 찾는 법을 아주 쉽게 설명해 드릴게요.

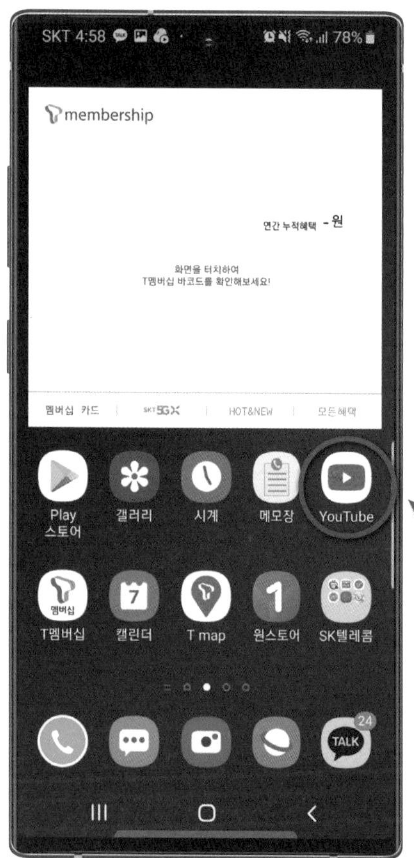

실행

1 핸드폰에서 '유튜브(YouTube)'를 실행합니다. 앞으로 계속 사용할 '유튜브'의 아이콘을 꼭 기억해 두세요.

유튜브 아이콘

2 유튜브를 켜면 다음과 같은 화면을 볼 수 있어요.
여기서 상단의 돋보기 모양의 '검색' 버튼을 누르면 '친절한 대학'의 동영상을 찾아볼 수 있습니다.
검색 버튼을 눌러보세요.

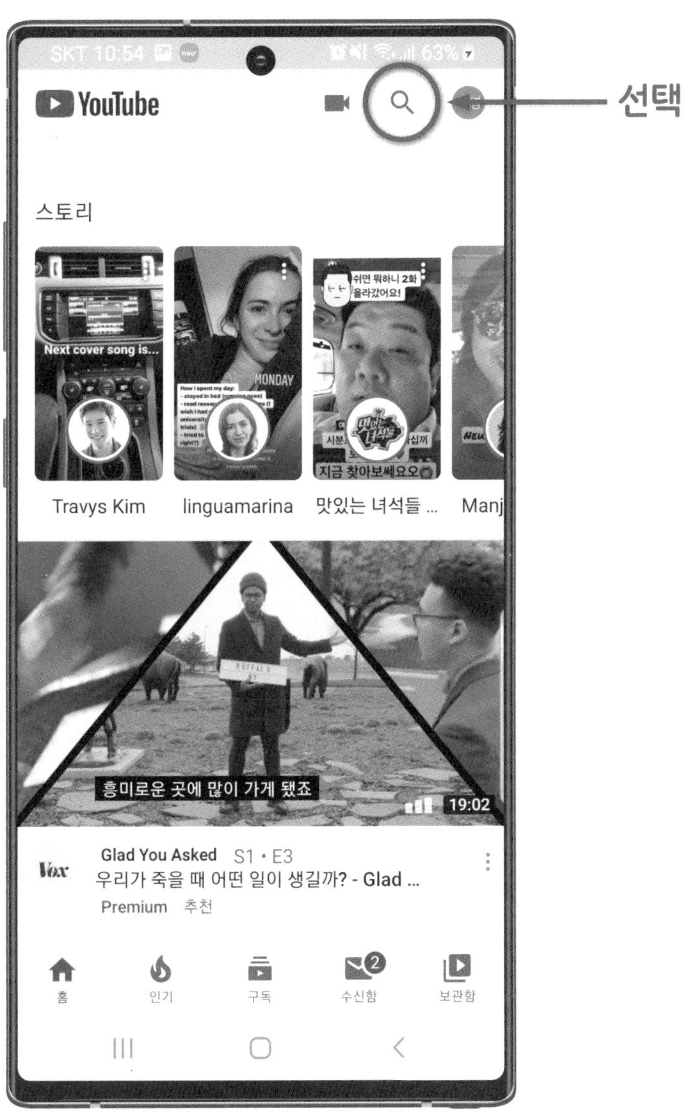

3 검색 창이 뜨면 검색 창에 '친절한 대학'을 입력한 후 '친절한 대학'을 선택합니다.

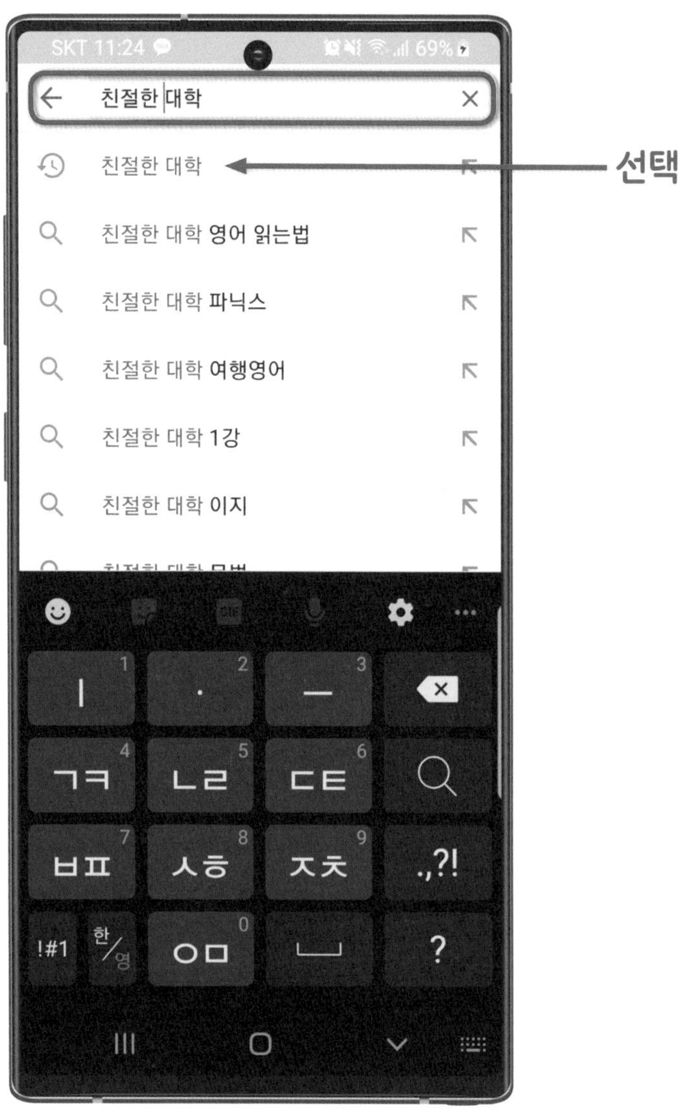

4 '친절한 대학'의 채널이 보이면, 원형 책꽂이 모양을 눌러 주세요. 그러면 '친절한 대학' 채널의 홈 화면으로 이동합니다.

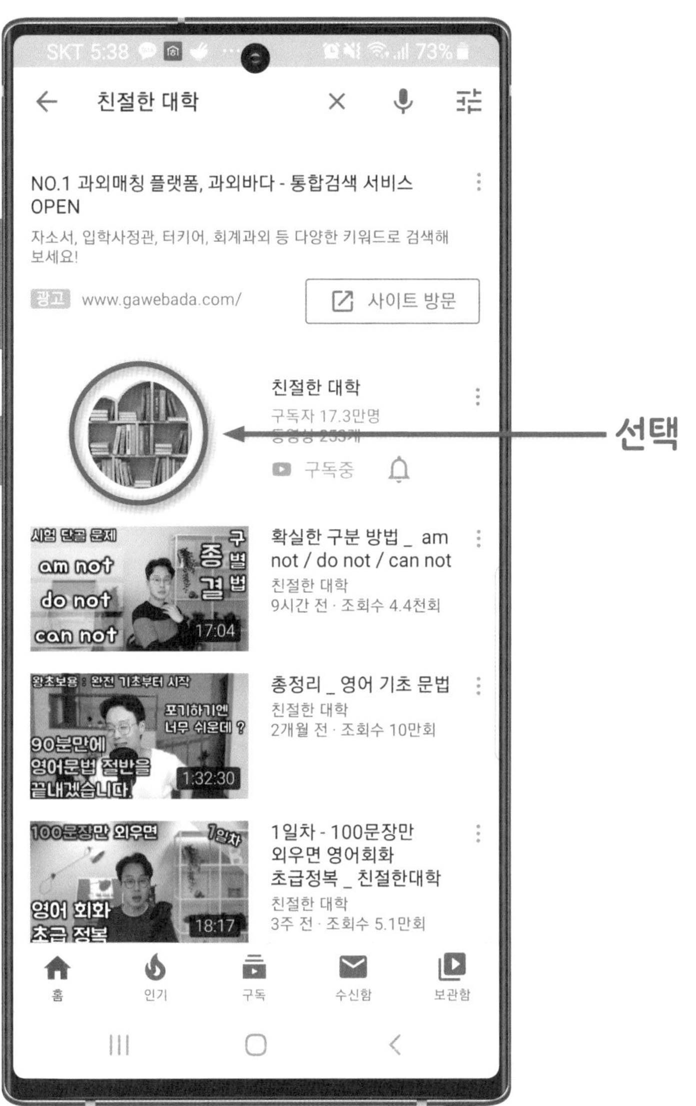

5 '친절한 대학'의 홈 화면입니다.
여기서 '구독' 버튼을 눌러 주세요.
그러면 상태가 '구독중'으로 바뀝니다.

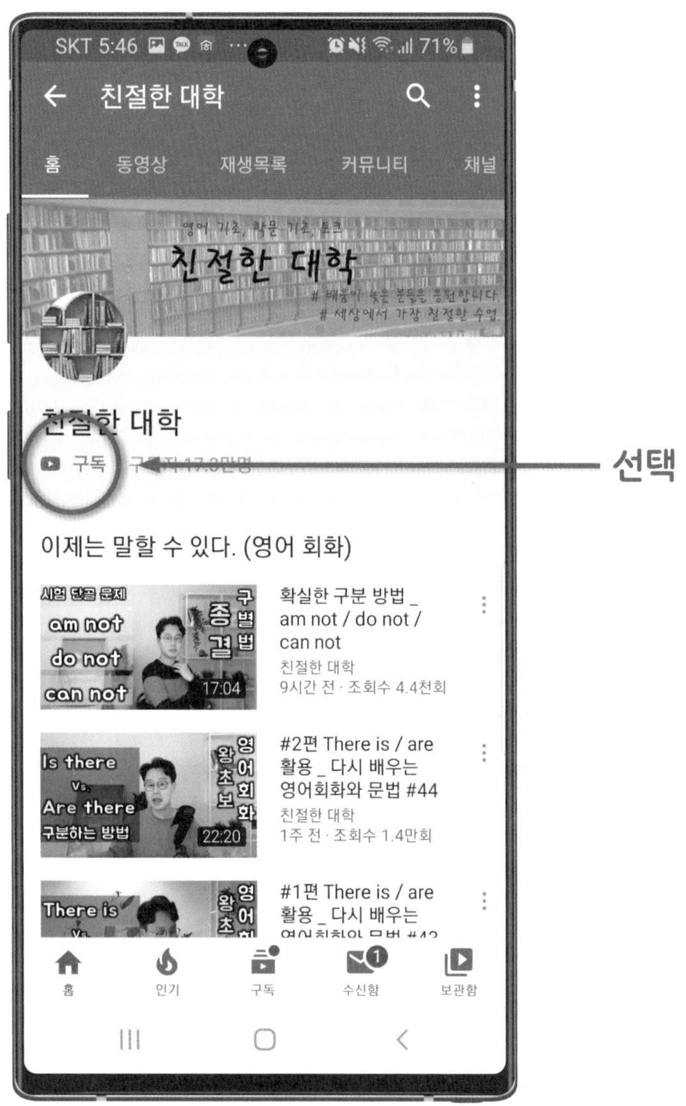

6 ‘구독중’ 옆의 종 모양을 누르면 앞으로 ‘친절한 대학’의 이지 선생님이 동영상을 올릴 때마다 알림을 받을 수 있습니다.

종 모양을 누른 후 ‘전체’를 선택합니다.

'친절한 대학'에서 효과적으로 공부하는 법

이번에는 '친절한 대학' 채널을 파헤쳐 보고, 어떻게 이용하면 되는지 자세히 알아보겠습니다.

1 '친절한 대학' 홈 화면

상단에 '동영상'을 선택해 보세요.

2 '친절한 대학'의 이지 선생님이 올리는 동영상을 최신 순(최근 올린 순서)으로 볼 수 있는데요, 여기서 '정렬 기준'을 눌러보세요. 그러면 인기 순서, 오래된 순서, 최신 순서로 정렬 기준을 선택할 수 있습니다. 이지 선생님이 올린 동영상을 처음부터 보고 싶다면 '추가된 날짜(오래된순)'를 선택하면 되겠지요?

3 이번에는 상단의 재생목록으로 들어가 볼게요. 이 부분은 이지 선생님이 올린 동영상을 주제별로 묶어 놓은 페이지입니다. 원하는 주제를 클릭하면 그 주제에 해당하는 영상만 볼 수 있어요. 예를 들어 '① 영어 왕초보 탈출! 영어 읽기'를 클릭하면 영어 읽는 법을 가르쳐 주는 동영상만 볼 수 있어요.

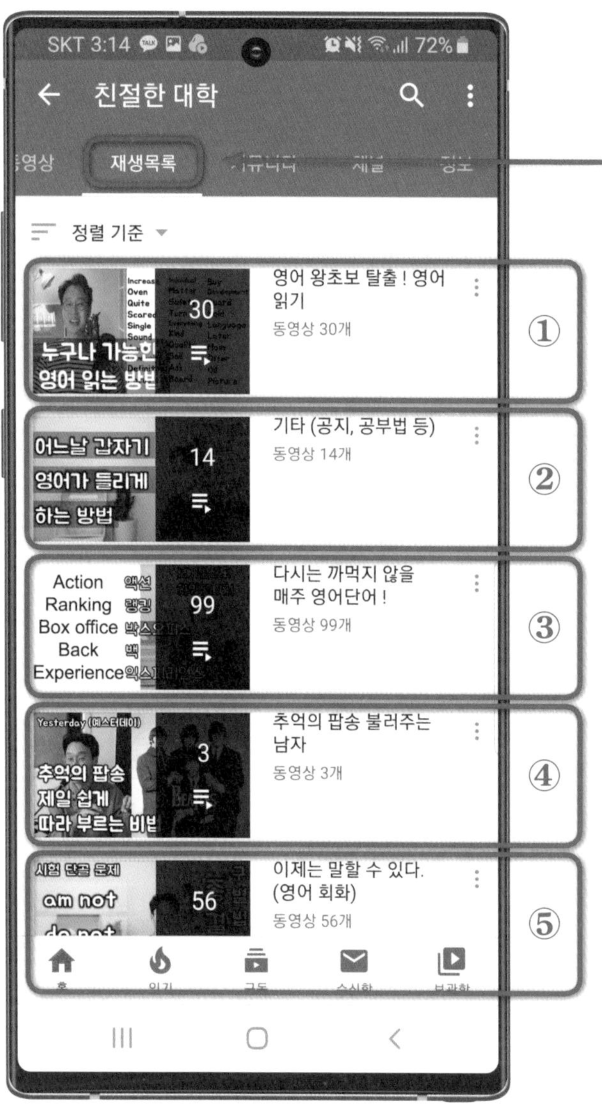

'친절한 대학'에서 학습하는 법은 여기까지 설명하도록 하고, 다음에는 책의 동영상을 아주 쉽게 찾는 법을 알려 드리겠습니다.

이 책의 동영상 쉽게 찾는 법

이 책은 여러분이 쉽게 내용을 따라갈 수 있도록 모든 장마다 동영상 강의를 제공합니다. 영어를 처음 시작하거나 초보자인 경우 책만으로는 내용을 따라가기 어려울 수 있으니, 꼭 동영상 강의를 같이 보면서 학습하세요.

그럼 쉽게 동영상 강의를 보는 법을 설명 드릴게요. 일단 한번 따라 하면 정말 간단합니다.

일단 각 장의 제목 부분에 아래와 같은 네모난 도장 무늬가 보일 거예요. QR(큐알)코드라고 불리는 것인데요. 마트에서 물건 살 때 찍는 바코드와 유사한 고유 인식 마크라고 생각하시면 됩니다.
카카오톡이 제공하는 QR코드 인식기로 QR코드를 찍으면 해당 영상을 바로 볼 수 있어요.

다음 순서대로 QR코드 인식하는 법을 따라 해 보세요.

1 모두 카카오톡 깔려 있으시죠? 먼저 카카오톡을 켜보세요.
오른쪽 하단에 '점 세 개' 모양을 선택합니다.

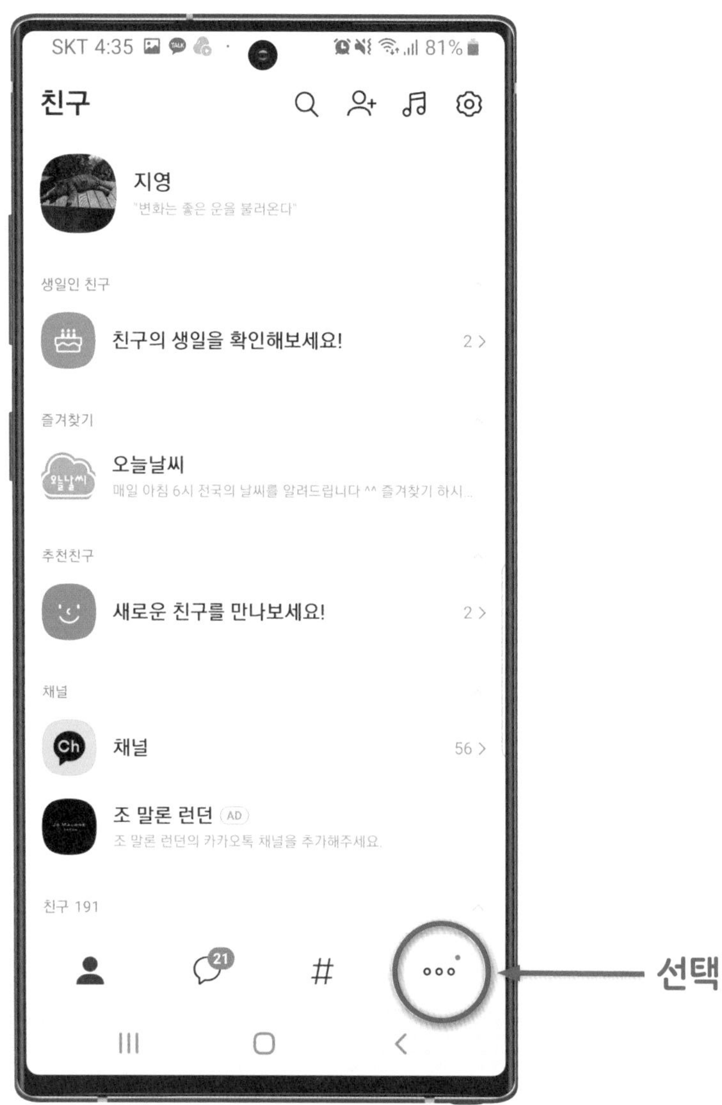

2 카카오톡의 다양한 기능을 볼 수 있는데요.
여기서 상단에 네모 박스가 QR코드 인식 프로그램입니다.
네모 박스를 눌러 주세요.

3 카메라가 동작하면 노란 박스에 책의 QR코드를 맞춰 주세요. 그러면 QR 코드를 인식하고 하단에 영상의 링크가 뜹니다. '웹브라우저로 열기'를 선택하면 해당 영상을 바로 볼 수 있습니다.

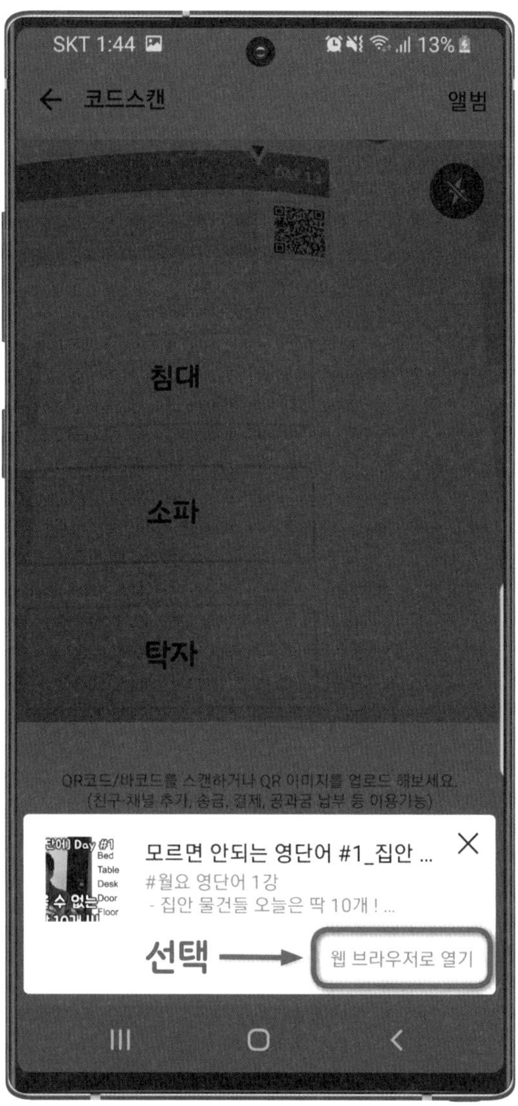

4 이 책의 각 장을 공부할 때마다 QR 코드를 찍어서 동영상과 함께 학습하세요.

2장

세상 제일 친절하고 쉬운 강의 –

영어 읽는 법

우리말의 자음(ㄱ, ㄴ, ㄷ…)과 모음(ㅏ, ㅑ, ㅓ…)과 같이 영어도 알파벳(A, B, C…)이 영어의 기본이 됩니다. 첫 장에서는 알파벳과 알파벳으로 이루어진 단어 읽는 법에 대해 공부합니다.

알파벳 읽는 법 - 파닉스 1편

알파벳 읽는 법과 영어 단어에서 나는 소리를 알아볼게요.

알파벳 대문자/소문자	알파벳 읽는 법	대표 발음	대표 단어[발음]
A a	에이	애	apple [애플]
B b	비	ㅂ	bus [버스]
C c	씨	ㅋ	cup [컵]
D d	디	ㄷ	dance [댄스]
E e	이	에	elevator [엘리베이터]
F f	에프	ㅍ!!	fish [피쉬]

G g	쥐	ㄱ	game [게임]
H h	에이치	ㅎ	hotel [호텔]
I i	아이	이	ink [잉크]
J j	제이	ㅈ	jelly [젤리]
K k	케이 'C'와 구분	ㅋ	kiwi [키위]
L l	엘	ㄹ	long [롱]
M m	엠	ㅁ	model [모델(마들)]

알파벳 읽는 법 - 파닉스 2편

N n	엔	ㄴ	news [뉴스]
O o	오	오/어/아	orange [오륀지]
P p	피 'F'와 구분	ㅍ	piano [피애노]
Q q	큐 'C/K'와 구분	ㅋ	quick [퀵]
R r	알 'L'과 구분	ㄹ	rocket [로케트]
S s	에스	ㅅ	sun [선]
T t	티	ㅌ	team [팀]
U u	유	어/우	up [업]

V v	브이 'B'와 구분	ㅂ	violin [바이올린]
W w	더블유	워	wife [와이프]
X x	엑스	ㅋ/ㅅ	xylophone [자일로폰]
Y y	와이	이/여	yes [예스]
Z z	지 'J'와 구분	ㅈ	zero [제(지)로]

3글자 영어 단어 읽는 법

'아, 에, 이, 오, 우' 모음 아시죠? 영어에서 모음으로 소리 나는 알파벳을 모았어요. 총 5개가 모음으로 소리가 나요.

모음 알파벳	A	E	I	O	U
발음	아/애	에	이	오/어/아	어/우

단어 속 알파벳에서 나는 소리를 표로 만들었어요. 표를 보고 bus가 어떻게 소리 나는지 알아볼게요.

bus b [ㅂ] + u [어] + s [ㅅ] = 버스

A	B	C	D	E	F	G	H	I
아/애	❶ ㅂ	ㅋ	ㄷ	에	프!!	ㄱ	ㅎ	이
J	**K**	**L**	**M**	**N**	**O**	**P**	**Q**	**R**
ㅈ	ㅋ	ㄹ	ㅁ	ㄴ	오/어/아	ㅍ	ㅋ	ㄹ
S	**T**	**U**	**V**	**W**	**X**	**Y**	**Z**	
❸ ㅅ	ㅌ	❷ 어/우	ㅂ	우	ㅋㅅ	이	ㅈ	

연습 알파벳 소리표를 참고해 다음 단어를 읽어 보세요.

cup	c [ㅋ] + u [어] + p [ㅍ]	컵
dog	d [ㄷ] + o [오] + g [ㄱ]	독
cat	c [ㅋ] + a [애] + t [ㅌ]	캣
tip	t [ㅌ] + i [이] + p [ㅍ]	팁
bag	b [ㅂ] + a [애] + g [ㄱ]	백
box	b [ㅂ] + o [아] + x [ㅋㅅ]	박스
ten	t [ㅌ] + e [에] + n [ㄴ]	텐

TIP 발음 법칙을 외우려고 하기보다는 단어를 자주 읽으면서 자연스럽게 입에 붙도록 하는 게 더 좋습니다. 단어를 반복해서 읽어 보세요.

4글자 영어 단어 읽기

4글자의 영어 단어 읽는 것도 3글자와 똑같습니다. 각 알파벳의 대표 발음을 이용하여 자주 쓰이는 4글자 단어 읽기를 해 보겠습니다. wink를 읽어 볼게요.

wink w [우] + i [이] + n [ㄴ] + k [ㅋ] = **우인크**(윈크)

A	B	C	D	E	F	G	H	I
아/애	ㅂ	ㅋ	ㄷ	에	프!!	ㄱ	ㅎ	❷이
J	**K**	**L**	**M**	**N**	**O**	**P**	**Q**	**R**
ㅈ	❹ㅋ	ㄹ	ㅁ	❸ㄴ	오/어/아	ㅍ	ㅋ	ㄹ
S	**T**	**U**	**V**	**W**	**X**	**Y**	**Z**	
ㅅ	ㅌ	어/우	ㅂ	❶우	ㅋㅅ	이	ㅈ	

연습 알파벳 소리표를 참고해 다음 단어를 읽어 보세요.

club	c [ㅋ] + l [ㄹ] + u [어] + b [ㅂ]	클럽
help	h [ㅎ] + e [에] + l [ㄹ] + p [ㅍ]	헬프
cold	c [ㅋ] + o [오] + l [ㄹ] + d [ㄷ]	콜드
bell	b [ㅂ] + e [에] + l [ㄹ] + l [ㄹ]	벨
city	c [ㅆ] + i [이] + t [ㅌ] + y [이]	씨티
desk	d [ㄷ] + e [에] + s [ㅅ] + k [ㅋ]	데스크
disk	d [ㄷ] + i [이] + s [ㅅ] + k [ㅋ]	디스크

참고 뒤에서도 배우겠지만, 'c'는 상황에 따라 'ㅋ'와 'ㅆ' 발음이 납니다.

5글자 영어 단어 읽기

5글자 영어 단어 읽기에 도전해 보겠습니다. 마찬가지로 알파벳 소리표를 이용하여 자주 쓰이는 5글자 단어 읽기를 해 보겠습니다. hello를 읽는 과정을 살펴볼게요.

hello h [ㅎ] + e [에] + l [ㄹ] + l [ㄹ] + o [오] = 헬로

A	B	C	D	E	F	G	H	I
아/애	ㅂ	ㅋ	ㄷ	❷에	프!!	ㄱ	❶ㅎ	이
J	**K**	**L**	**M**	**N**	**O**	**P**	**Q**	**R**
ㅈ	ㅋ	❸ㄹ	ㅁ	ㄴ	❹오	ㅍ	ㅋ	ㄹ
S	**T**	**U**	**V**	**W**	**X**	**Y**	**Z**	
ㅅ	ㅌ	어/우	ㅂ	우	ㅋㅅ	이	ㅈ	

알파벳 소리표를 참고해 다음 단어를 읽어 보세요.

study s [ㅅ] + t [ㅌ] + u [어] + d [ㄷ] + y [이] 스터디

party p [ㅍ] + a [아] + r [ㄹ] + t [ㅌ] + y [이] 파티

brown b [ㅂ] + r [ㄹ] + o [아] + w [우] + n [ㄴ] 브라운

class c [ㅋ] + l [ㄹ] + a [애] + s [ㅅ] + s [ㅅ] 클래스

보충수업 #1

영어 읽는 법 - sh 제대로 읽는 비법

영어에는 알파벳 두 개가 합쳐져 하나의 소리를 내는 발음들이 있습니다. 가장 대표적인 것이 sh 발음이고, 어떻게 하면 정확히 발음할 수 있는지 알아보아요.

sh 발음 [쉬] (성대를 울리지 않고 바람 빠지는 소리)

s와 발음 비교를 통해 정확히 알아보겠습니다.

s	**see** [씨]	**sock** [싹]
sh	**she** [쉬]	**shock** [쉬악(샥)]

연습 sh가 들어가는 대표적인 단어들로 연습해 보세요.

shop	sh [쉬] + o [아] + p [ㅍ]	쉬압(샾)
show	sh [쉬] + o [오] + w [우]	쉬오우(쇼우)
fish	f [프!] + i [이] + sh [쉬]	피쉬
cash	c [ㅋ] + a [애] + sh [쉬]	캐쉬
shine	sh + i + n + e [쉬] [아이] [ㄴ] [발음 ×]	쉬아인(샤인)
English	e + n + g + l + i + sh [이] [ㄴ] [ㄱ] [ㄹ] [이] [쉬]	잉글리쉬
shadow	sh + a + d + o + w [쉬] [애] [ㄷ] [오] [우]	쉬애도우(쉐도우)

노트

장모음 읽는 방법 (1강)

단모음 – 모음이 한 개, 모음이 짧게 발음 나요.

장모음 – 모음이 두 개, 모음이 길게 발음 나요.

단모음		장모음	
hat	**cut**	**hate**	**cute**
햇	컷	해테 / 헤이트	쿠테 / 큐―트
		× O	× O

장모음에서 두 개의 모음이 인접해 있을 때는 앞에 나오는 모음의 알파벳 이름을 그대로 읽어주면 돼요. game에서는 앞에 오는 모음이 a이니까 [에이]라고 발음하여 [게임]이 되는 거죠

game g [ㄱ] + a [에이] + m [ㅁ] + e [발음×] = 게임

알파벳 소리표를 참고해 다음 단어를 읽어 보세요.

eat	e [이] + a [발음×] + t [ㅌ]	이트(잍)
life	l [ㄹ] + i [아이] + f [ㅍ!!] + e [발음×]	라이프
home	h [ㅎ] + o [오] + m [ㅁ] + e [발음×]	홈
use	u [유] + s [ㅈ] + e [발음×]	유즈

장모음 읽는 방법 (2강) - A 장모음 읽기

a가 들어가는 a 장모음을 자세히 다뤄 볼게요. 모음이 두 개 들어갈 때는 앞에 나오는 모음의 알파벳 이름을 그대로 읽는 것 기억하시죠?

game g [ㄱ] + a [에이] + m [ㅁ] + e [발음×] = 게임

A	B	C	D	E	F	G	H	I
❷ 에이	ㅂ	ㅋ	ㄷ	❹ -	프!!	❶ ㄱ	ㅎ	이
J	K	L	M	N	O	P	Q	R
ㅈ	ㅋ	ㄹ	❸ ㅁ	ㄴ	ㅗㅓㅏ	ㅍ	ㅋ	ㄹ
S	T	U	V	W	X	Y	Z	
ㅅ	ㅌ	어/우	ㅂ	우	ㅋㅅ	이	ㅈ	

연습 알파벳 소리표를 참고해 다음 단어를 읽어 보세요.

cake c [ㅋ] + a [에이] + k [ㅋ] + e [발음×] 케이크

date d [ㄷ] + a [에이] + t [ㅌ] + e [발음×] 데이트

make m [ㅁ] + a [에이] + k [ㅋ] + e [발음×] 메이크

지금까지 a-e가 들어간 단어를 배워보았어요. a-i, a-y가 들어간 단어도 배워 볼게요. y는 모음은 아니지만, a-y는 a-i와 동일하게 [에이]라는 소리가 납니다.

a-e	**game**	g [ㄱ] + a [에이] + m [ㅁ] + e [발음×] = **게임**
ai	**main**	m [ㅁ] + a [에이] + i [발음×] + n [ㄴ] = **메인**
ay	**pay**	p [ㅍ] + a [에이] + y [발음×] = **페이**

연습 ai와 ay가 조합된 단어를 더 읽어 보세요.

main	m [ㅁ] + a [에이] + i [발음×] + n [ㄴ]	**메인**
mail	m [ㅁ] + a [에이]+ i [발음×] + l [ㄹ]	**메일**
wait	w [우] + a [에이] + i [발음×] + t [ㅌ]	**웨이트**
train	t [ㅌ] + r [ㄹ] + a [에이] + i [발음×] + n [ㄴ]	**트레인**
pay	p [ㅍ] + a [에이] + y [발음×]	**페이**
today	t [ㅌ] + o [ㅜ] + d [ㄷ] + a [에이] + y [발음×]	**투데이**

장모음 읽는 방법 (3강) - E 장모음 읽기

e가 들어가는 e 장모음을 자세히 다뤄 볼게요. e와 인접하여 모음이 올 경우 e 장모음은 e [이]라고 길게 읽어 주고 뒤에 나오는 모음은 발음하지 않습니다.

eat e [이] + a [발음×] + t [ㅌ] = **이트(잍)**

A	B	C	D	E	F	G	H	I
❷ -	ㅂ	ㅋ	ㄷ	❶ 이	프!!	ㄱ	ㅎ	이
J	**K**	**L**	**M**	**N**	**O**	**P**	**Q**	**R**
ㅈ	ㅋ	ㄹ	ㅁ	ㄴ	ㅗㅓㅏ	ㅍ	ㅋ	ㄹ
S	**T**	**U**	**V**	**W**	**X**	**Y**	**Z**	
ㅅ	❸ ㅌ	어/우	ㅂ	우	ㅋㅅ	이	ㅈ	

연습 알파벳 소리표를 참고해 다음 단어를 읽어 보세요.

easy	e [이] + a [발음×] + s [ㅈ] + y [이]	이지
sea	s [ㅆ] + e [이] + a [발음×]	씨
tea	t [ㅌ] + e [이] + a [발음×]	티
team	t [ㅌ] + e [이] + a [발음×] + m [ㅁ]	팀

지금까지 e-a가 들어간 단어를 배워보았어요. 이번에는 ee가 들어간 장모음을 읽어 볼게요.

see	s [ㅆ] + e [이] + e [발음×] = 씨
beef	b [ㅂ] + e [이] + e [발음×] + f [프!] = 비프
sleep	s [ㅅ] + l [ㄹ] + e [이] + e [발음×] + p [ㅍ] = 슬맆(립)

장모음 읽는 방법 (4강) - I(i) 장모음 읽기

i가 들어가는 i 장모음을 자세히 다뤄 볼게요. i와 인접하여 모음이 올 경우 i 장모음은 i [아이]라고 길게 읽어 주고 뒤에 나오는 모음은 발음하지 않습니다.

life　l [ㄹ] + i [아이] + f [ㅍ] + e [발음×] = **라이프**

A	B	C	D	E	F	G	H	I
애	ㅂ	ㅋ	ㄷ	❹ -	❸ 프!!	ㄱ	ㅎ	❷ 아이
J	**K**	**L**	**M**	**N**	**O**	**P**	**Q**	**R**
ㅈ	ㅋ	❶ ㄹ	ㅁ	ㄴ	ㅗㅓㅏ	ㅍ	ㅋ	ㄹ
S	**T**	**U**	**V**	**W**	**X**	**Y**	**Z**	
ㅅ	ㅌ	어/우	ㅂ	우	ㅋㅅ	이	ㅈ	

연습 알파벳 소리표를 참고해 다음 단어를 읽어 보세요.

time t [ㅌ] + i [아이] + m [ㅁ] + e [발음×] 타임

wife w [우] + i [아이] + f [ㅍ!] + e [발음×] 우아이프(와이프)

drive d [ㄷ] + r [ㄹ] + i [아이] + v [ㅂ] + e [발음×] 드라이브

이번에는 i와 e가 연속해서 나오는 ie가 들어간 장모음을 읽어 볼게요.

die d [ㄷ] + i [아이] + e [발음×] = 다이

lie l [ㄹ] + i [아이] + e [발음×] = 라이

tie t [ㅌ] + i [아이] + e [발음×] = 타이

장모음 읽는 방법(5강) - O 장모음 읽기

o가 들어가는 o 장모음을 자세히 다뤄 볼게요. o와 인접하여 모음이 올 경우 o 장모음은 o [오]라고 길게 읽어 주고 뒤에 나오는 모음은 발음하지 않습니다.

home h [ㅎ] + o [오] + m [ㅁ] + e [발음×] = 홈

A	B	C	D	E	F	G	H	I
애	ㅂ	ㅋ	ㄷ	❹ -	프!!	ㄱ	❶ ㅎ	이
J	K	L	M	N	O	P	Q	R
ㅈ	ㅋ	ㄹ	❸ ㅁ	ㄴ	❷ 오	ㅍ	ㅋ	ㄹ
S	T	U	V	W	X	Y	Z	
ㅅ	ㅌ	어/우	ㅂ	우	ㅋㅅ	이	ㅈ	

연습 알파벳 소리표를 참고해 다음 단어를 읽어 보세요.

nose	n [ㄴ] + o [오] + s [ㅈ] + e [발음×]	노즈
rose	r [ㄹ] + o [오] + s [ㅈ] + e [발음×]	로즈
phone	p [ㅍ] + h [ㅎ] + o [오] + n [ㄴ] + e [발음×]	폰
smoke	s [ㅅ] + m [ㅁ] + o [오] + k [ㅋ] + e [발음×]	스모크

이번에는 o와 a가 연속해서 나오는 oa가 들어간 장모음을 읽어 볼게요.

road r [ㄹ] + o [오] + a [발음×] + d [ㄷ] = 로드

boat b [ㅂ] + o [오] + a [발음×] + t [ㅌ] = 보트

goal g [ㄱ] + o [오] + a [발음×] + l [ㄹ] = 골

soap s [ㅅ] + o [오] + a [발음×] + p [ㅍ] = 소프

보충수업 #2

영어 읽는 법 - ch 제대로 읽는 비법

sh와 함께 자주 쓰이는 ch는 어떻게 하면 정확히 발음할 수 있는지 알아보아요.

ch 발음 [취] * 간혹 [ㅋ] 발음이 나는 경우가 있지만 예외로 보시면 됩니다.

연습 ch가 들어가는 대표적인 단어들로 연습해 보세요.

chain ch [취] + a [에이] + i [발음×] + n [ㄴ] 취에인

change ch + a + n + g + e 취에인지
[취] [에이] [ㄴ] [ㅈ] [발음×]

China Ch [취] + i [아이] + n [ㄴ] + a [아] 취아이나

church ch [취] + u [어] + r [ㄹ] + ch [취] 취얼취

cheese ch [취] + ee [이] + s [ㅈ] + e [발음×] 취이즈

chicken ch + i + ck + e + n 취이킨
[취] [이] [ㅋ] [에/이] [ㄴ]

Christmas Ch + r + i + s + t + m + a + s 크리스마스
[ㅋ] [ㄹ] [이] [ㅅ][발음×/ㅌ][ㅁ] [아] [ㅅ]

장모음 읽는 방법 (6강) - U 장모음 읽기

u가 들어가는 u 장모음을 자세히 다뤄 볼게요. u와 인접하여 모음이 올 경우 u 장모음은 u [유]라고 길게 읽어 주고 뒤에 나오는 모음은 발음하지 않습니다.

cute c [ㅋ] + u [유] + t [ㅌ] + e [발음×] = **큐트**

A	B	C	D	E	F	G	H	I
애	ㅂ	❶ ㅋ	ㄷ	❹ -	프!!	ㄱ	ㅎ	이
J	K	L	M	N	O	P	Q	R
ㅈ	ㅋ	ㄹ	ㅁ	ㄴ	ㅗㅓㅏ	ㅍ	ㅋ	ㄹ
S	T	U	V	W	X	Y	Z	
ㅅ	❸ ㅌ	❷ 유	ㅂ	우	ㅋㅅ	이	ㅈ	

알파벳 소리표를 참고해 다음 단어를 읽어 보세요.

use	u [유] + s [ㅅ] + e [발음×]	유스
June	j [ㅈ] + u [유] + n [ㄴ] + e [발음×]	준
mute	m [ㅁ] + u [유] + t [ㅌ] + e [발음×]	뮤트
cube	c [ㅋ] + u [유] + b [ㅂ] + e [발음×]	큐브

지금까지 우리가 배웠던 것들 이외에도 장모음처럼 읽히는 패턴이 있습니다. 예를 들면 high [하이], snow [스노우], music [뮤직], room [루움] 등의 단어에서 모음이 장모음으로 읽힙니다.

다만, 이와 같은 단어들이 매우 많기 때문에 새로운 단어가 나올 때마다 언급해 드리겠습니다.

50년 전 배운 영어 다시 읽을 수 있게 해드립니다. (백과사전식)

이번 장에서는 알파벳에서 나는 소리를 사전식으로 총정리해 놓았습니다. 영어 발음이 궁금하면 찾아와서 한 번씩 찾아보면 좋겠네요.

Aa	Ee	Ii	Oo	Uu
애/아	에	이	ㅗ/ㅓ/ㅏ	ㅓ/ㅜ
에이	어	어	오우	우
어	이	아이	이	유
어/오			우/워	이

Bb	Cc	Dd	Ff	Gg	Hh	Jj
ㅂ	ㅋ ㅆ/쉬/취	ㄷ ㅈ/ㅌ	ㅍ!! ㅂ	ㄱ ㅈ	ㅎ	ㅈ

Kk	Ll	Mm	Nn	Pp	Qq	Rr
ㅋ	ㄹ	ㅁ 음	ㄴ 응	ㅍ	ㅋ	ㄹ

Ss	Tt	Vv	Ww	Xx	Yy	Zz
ㅅ ㅆ/ㅈ/쉬	ㅌ ㄹ/쉬/취	ㅂ	워	ㅋ/ㅅ ㅅ/ㅈ/ㅋ쉬	이/여	ㅈ

A a	apple	애 / 애플
	car	아 / 카알
	date	에이 / 데이트
	ago	어 / 어고
	tall	어/오 / 털
B b	bus	ㅂ / 버스
C c	cup	ㅋ / 컵
	city	ㅆ / 씨티(리)
	social	쉬 / 쏘쉬얼
	cello	취 / 취엘로
D d	dance	ㄷ / 댄스
	education	ㅈ / 에쥬케이션
	asked	ㅌ / 에슥트

E e	**elevator**	에 / 엘리베이터
	ever	어 / 에벌
	he / she	이 / 히 / 쉬
F f	**fish**	ㅍ!! / 피쉬
	of	ㅂ / 어브
G g	**game**	ㄱ / 게임
	ginger	ㅈ / 진절
H h	**hotel**	ㅎ / 호텔
I i	**ink**	이 / 잉크
	bird	어 / 벌드
	live	아이 / 라이브
J j	**jelly**	ㅈ / 젤리
K k	**kiwi**	ㅋ / 키위

L l	**long**	ㄹ / 롱
M m	**model**	ㅁ/음 / 마들
N n	**news**	ㄴ / 뉴스
	bank	응 / 뱅크
O o	**coffee**	어 / 커피
	hobby	아 / 하비
	go	오우 / 고우
	women	이 / 위민
	to / do	우 / 투 / 두
	one	워 / 원
P p	**piano**	ㅍ (f와 구분) / 피애노
Qu q	**quick**	쿠(쿠와) / 퀵
R r	**rocket**	ㄹ / 롸켓

S s	study	ㅅ	스터디
	see	ㅆ	씨
	sure	쉬	쉬얼
	busy	ㅈ	비지
T t	team	ㅌ	팀
	water	ㄹ	워럴
	attention	쉬	어텐쉬언
	picture	취	픽취얼
U u	up	어	업
	put	우	풋
	cute	유	큐트
	busy	이	비지
V v	violin	ㅂ	바이올린
W w	wine	우	우아인(와인)

X x	**box**	ㅋㅅ / 박스
	exactly	ㄱㅈ / 이그제클리
	excited	ㅋ / 익사이티드
	luxury	ㅋ쉬 / 럭쉬어리
Y y	**yes**	여 / 이에스
	you	여 / 이유
Z z	**zero**	ㅈ / 지이로

구독함에서 '친절한 대학' 찾는 법

잠깐 쉬어갈 겸, 유튜브를 자세하게 사용하는 방법과 구독함에서 '친절한 대학' 채널을 보는 방법을 알아보겠습니다.

1 스마트폰에서 유튜브를 켜서 홈 화면의 아래쪽을 살펴볼까요?

화면 아래에 다섯 개 버튼이 보일 거예요. 바로 홈, 인기, 구독, 수신함, 보관함 버튼입니다. 각 버튼의 기능을 자세하게 살펴볼게요.

① 홈

홈 버튼을 클릭하면 유튜브에서 여러분이 관심 가질 만한 영상을 추천해서 보여 줍니다. 지금까지 여러분이 보았던 동영상을 기반으로 데이터를 분석하여 추천해 줍니다.

② 인기

현재 한국에서 가장 있기 있는 영상을 보여 줍니다.

③ 구독

여러분이 '구독' 버튼을 누른 채널의 영상이 최근에 올라온 순서대로 보입니다. 이 화면의 우측 상단의 '전체' 버튼을 눌러보세요.

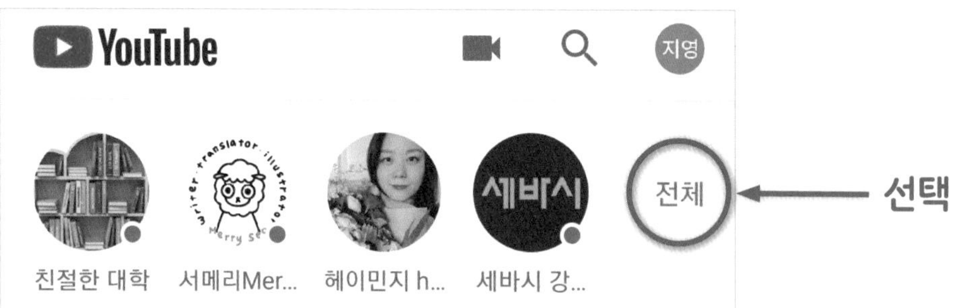

선택하면 여러분이 구독 중인 모든 채널이 보입니다. 여기서 여러분이 '구독'한 모든 채널을 볼 수 있습니다.

④ 수신함

수신함에는 알림 신청한 채널의 동영상이나 여러분이 남긴 댓글에 대한 피드백이 표시됩니다.

⑤ 보관함

보관함에는 최근 본 동영상이 표시되고, 기타 여러분이 동영상을 보았던 기록들이 보입니다.

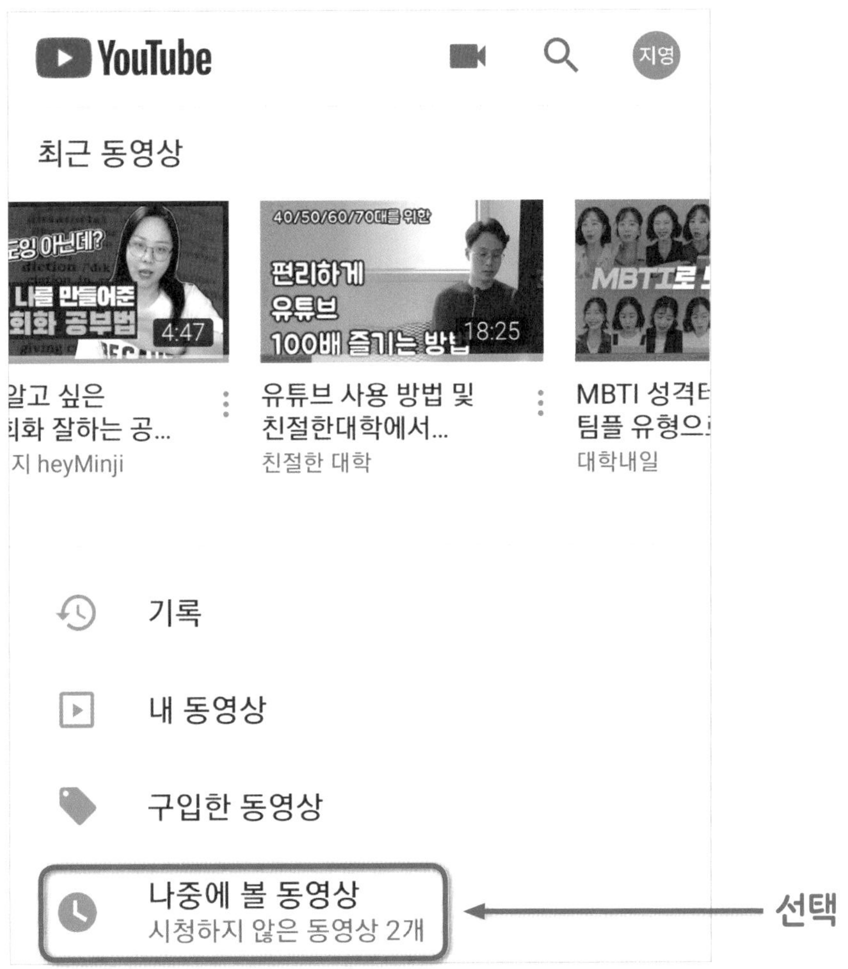

여기서 중요한 것은 '나중에 볼 동영상'인데요, 여러분이 유튜브에서 자유롭게 영상을 보다 보면 나중에 다시 한번 보고 싶은 영상이 생길 겁니다. 이때는 '나중에 볼 동영상'으로 저장해서 또 볼 수 있어요. '나중에 볼 동영상'으로 저장하는 방법은 다음 '쉬어가기'에서 알려드릴게요.

3장

모르면 안되는 영단어 & 다시 배우는 영어 회화와 문법

너무 자주 쓰여서 마치 우리말처럼 쓰이고 있는 영어 단어들, 인사나 자기 소개처럼 수시로 쓰이는 영어 회화들을 번갈아 가면서 학습합니다. 꼭 동영상과 함께 학습해 주세요.

집안 물건들

bed 베드	침대
sofa 소파	소파
table 테이블	탁자
chair 췌얼	의자
desk 데스크	책상
kitchen 키췬	부엌

door 도얼	문
room 룸	방
floor 플로얼	바닥 / 층
window 윈도우	창문

노트

주어로 쓰이는 단어들

I 아이	**나**
we 위	**우리(들)** (나를 포함한 여러 명)
you 유	**너 / 당신**
you 유	**너희들 / 당신들** (너&너희들 모두 you)
he 히	**그** (남성/수컷을 가리킴)
she 쉬	**그녀** (여성/암컷을 가리킴)
they 데이	**그들 / 그것들**
it 잇	**그것**

나의 이름 말하기

표현 **I**(주어) + **am**(be동사) + OOO.
나는 OOO입니다.

I am 다음에 단어를 넣으면 '나는 OOO입니다.'라고 스스로를 소개하는 문장이 되죠. OOO에는 이름이나 직업 등을 넣으면 됩니다. '아이 엠 OOO.'으로 읽어 보세요.

I am Easy. 나는 이지입니다.
아이 엠 이지

I am teacher Easy. 나는 이지 선생님입니다.
아이 엠 티철 이지

I am Choi soo jong. 나는 최수종입니다.
아이 엠 최수종

I am Korean. 나는 한국인입니다.
아이 엠 코리언

연습 소리를 내면서 아래 문장을 읽어 보세요.

I am (a) Christian. 나는 기독교인입니다.
아이 엠 (어) 크리스쳔

I am (a) Buddhist. 나는 불교인입니다.
아이 엠 (어) 부디스트

I am a cook. 나는 요리사입니다.
아이 엠 어 쿡

I am a Mother. 저는 어머니입니다.
아이 엠 어 마덜

I am 60 [sixty] (years old). 나는 60세입니다.
아이 엠 식스티 (이얼즈 올드)

I am a student. 나는 학생입니다.
아이 엠 어 스튜던트

노트

th(번데기 발음) 제대로 읽는 비법

th는 두 가지 발음이 납니다.

th 발음 1	[스~] *성대가 울리지 않아요.	**thin**
th 발음 2	[드~] *성대가 울려요.	**this**

두 발음의 입모양은 동일하며 성대를 울려 소리를 내느냐 그렇지 않느냐에 따라 발음에 차이가 생깁니다. 우선 첫 번째 발음인 스~ 로 발음이 나는 경우를 연습해 보겠습니다. (한글로 발음 표현이 어려우니 반드시 강의 영상 참고해 주세요)

thank	th [스] + a [애] + n [ㄴ] + k [ㅋ] Thank you. [쌩크 유/쌩큐]	쌩크
three	th [스] + r [ㄹ] + ee [이]	쓰리
think	th [스] + i [이] + n [ㄴ] + k [ㅋ]	씽크
birthday	b + i + r + th + d + ay [ㅂ] [어] [ㄹ] [스] [ㄷ] [에이]	벌쓰데이
bath	b [ㅂ] + a [애] + th [스]	배쓰

이제 두 번째 발음인 드~ 로 발음이 나는 경우를 연습해 보겠습니다.

this	th [드] + i [이] + s [스]	디스
these	th [드] + e [이] + s [즈] + e [발음×]	디즈
the	th [드] + e [어]	더

나의 상태 표현

표현 I(주어) + am(be동사) + OOO.
나는 OOO합니다. (OOO한 상태입니다.)

'I am OOO.'로 기분이나 상태도 표현할 수 있어요. OOO에 상태나 기분을 나타내는 단어를 넣으면 됩니다.

I am **happy**. 나는 행복합니다.
아이 엠 해피

I am **hungry**. 나는 배가 고픕니다.
아이 엠 헝그리

I am **handsome**. 나는 잘 생겼습니다. (잘생긴 사람입니다.)
아이 엠 핸썸

소리를 내면서 아래 문장을 읽어 보세요.

I am **smart**. 나는 똑똑합니다. (똑똑한 사람입니다.)
아이 엠 스마트

I am **sad**. 나는 슬픕니다. (슬픈 상태입니다.)
아이 엠 새드

I am **tired**. 나는 피곤합니다. (피곤한 상태입니다.)
아이 엠 타이얼드

I am **kind**. 나는 친절합니다. (친절한 사람입니다.)
아이 엠 카인드

기분 표현하는 단어

happy 해피	행복한
sad 새드	슬픈
angry 앵그리	화가 난
afraid 어프레이드	두려운 / 걱정하는
excited 익사이티드	신이 난 / 흥분한

직업을 표현하는 영어 단어

housewife(housemaker) 하우스와이프 — **주부**

doctor 닥털 — **의사 / 박사**

nurse 널스 — **간호사**

cook 쿡 — **요리사**

driver 드라이벌 — **운전사 / 기사**

You + are

표현 **You**(주어) + **are**(be동사) + OOO.
너(당신)는 OOO입니다.

나의 이름/상태 등을 나타낼 때 I am을 썼다면 너(당신)의 상태를 나타낼 때는 You are을 씁니다. 읽을 때는 '유 얼'이라고 읽으면 됩니다.

You are (teacher) **Easy**. 당신은 이지 (선생님)입니다.
유 얼 티철 이지

You are American. 당신은 미국인입니다.
유 얼 어메리칸

You are a student. 당신은 학생입니다.
유 얼 어 스튜던트

TIP You are [유 얼]은 간단히 줄여서 You're [유얼]이라고 쓰기도 합니다.

연습 소리를 내면서 아래 문장을 읽어 보세요.

You are **a father**. 당신은 아버지입니다.
유 얼 어 파더

You are **kind**. 당신은 친절합니다. (착합니다.)
유 얼 카인드

You are **romantic**. 당신은 낭만적입니다.
유 얼 로맨틱

You are **bad**. 당신은 나쁩니다.
유 얼 배드

You are **stupid**. 당신은 멍청합니다.
유 얼 스튜피드

성격을 나타내는 영어 단어

kind 카인드	다정한 / 친절한
smart 스말트	영리한 / 똑똑한
honest 어니스트	정직한
wise 와이즈	지혜로운 / 현명한
lazy 레이지	게으른

보충수업 #4

초보자라면 당연히 틀리는 영어 발음 F vs. V

우리나라 말에는 없는 발음이라서 더욱 어려운 F와 V발음의 차이에 대해 간단히 알아볼게요. 발음은 소리로 들어야 하니 유튜브 수업을 같이 들으시면 더 좋겠죠?

우선 Fish를 한번 읽어볼까요? 한국말처럼 [피쉬]라고 읽으셨나요? 하지만 그것과는 조금 차이가 있어요. F발음은 윗니를 아래 입술에 붙이고 바람 빠지는 소리를 내면 됩니다. 이때 중요한 것은 성대를 울리지 않고 정말 바람 빠지는 소리만 나야 한다는 것입니다. F발음과 입 모양을 똑같이 하고 성대를 울리면 V발음이 나게 됩니다.

F	**성대 울림 X**
V	**성대 울림 O**

아래 단어들은 자주 쓰이는 F와 V가 들어간 단어들입니다. 동영상 강의를 보며 같이 연습해 보아요.

family 패밀리	**voice** 보이스
fun 펀	**victory** 빅토리
fan 팬	**save** 세이브
face 페이스	**flavor** 플레이벌

날씨와 시간 표현하기

It(주어) + **is**(be동사) + OOO.

날씨/시간은 OOO입니다.

날씨와 시간을 나타낼 때는 간단하게 'It is OOO.'을 쓰면 됩니다. 한국말처럼 '날씨가' 혹은 '시간이'라는 단어를 넣을 필요가 없습니다. It is는 It's [잇츠]로 줄여서 말할 수 있어요.

It is nice (weather) **today**. 오늘 날씨가 좋군요.
잇 이즈 나이스 (웨덜) 투데이

It is hot today. 오늘 날씨가 뜨겁군요.
잇 이즈 핫 투데이

연습 소리를 내면서 아래 문장을 읽어 보세요.

It is **cold outside**. 바깥 날씨가 추워요.
잇 이즈 콜드 아웃사이드

It is **1 o'clock**. 지금은 1시이군요.
잇 이즈 원 오(어)클락

It is **2 o'clock now**. 지금은 2시이군요.
잇 이즈 투 오(어)클락 나우

TIP 시간을 읽기 위한 1~12 숫자 공부

1: **one** [원]
2: **two** [투]
3: **three** [쓰리]
4: **four** [포]
5: **five** [파이브]
6: **six** [식스]
7: **seven** [세븐]
8: **eight** [에잇]
9: **nine** [나인]
10: **ten** [텐]
11: **eleven** [일레븐]
12: **twelve** [트웰브]

날씨를 표현하는 영어 단어

hot 핫	뜨거운 / 몹시 더운
cold 콜드	추운 / 차가운
rain / raining 뤠인 / 뤠이닝	비 / 비가 오다
snow / snowing 스노우 / 스노잉	눈 / 눈이 오다
fine 파인	맑은 / 좋은

He is / She is

표현 **He/She**(주어) + **is**(be동사) + OOO.

그/그녀는 OOO입니다.

영어로 '그'는 'He', '그녀'는 'She'입니다. He와 She의 짝꿍은 is이며, He is/She is로 그/그녀의 이름/직업/상태 등을 표현할 수 있습니다.

He is (teacher) **Easy**. 그는 이지(쌤)입니다.
히 이즈 (티철) 이지

TIP He is [히 이즈] / She is [쉬 이즈]는 간단히 줄여서 He's [히즈], She's [쉬즈]라고 쓰기도 합니다.

연습 소리를 내면서 아래 문장을 읽어 보세요.

She is a housewife. 그녀는 주부입니다.
쉬 이즈 어 하우스와이프

He is a student. 그는 학생입니다.
히 이즈 어 스튜던트

She is beautiful. 그녀는 아름답습니다.
쉬 이즈 뷰리풀

He is handsome. 그는 잘생겼습니다.
히 이즈 핸썸

She is a kind teacher. 그녀는 친절한 선생님입니다.
쉬 이즈 어 카인드 티철

He is a smart student. 그는 똑똑한 학생입니다.
히 이즈 어 스말트 스튜던트

be동사 총정리 + 복수 be동사

표현 **We/You/They**(주어) + **are**(be동사) + OOO.
우리는/너희들은/그들은 OOO입니다.

여러 명에 대해 말하고 싶을 때는 We(우리), You(너희들), They(그들)에 are를 붙입니다. 여러 명의 상태/기분 등을 표현할 수 있어요.

한 명 (하나)	여러 명 (여러 개)
I am	We are
You are	You are
It is	They are
She is / He is	

TIP You는 한 명인 '너, 당신'을 나타내기도 하지만 두 명 이상인 '너희들, 당신들'을 나타내기도 합니다.

연습 소리를 내면서 아래 문장을 읽어 보세요.

I am a student. 나는 학생입니다.
아이 엠 어 스튜던트

We are students. 우리는 학생(들)입니다.
위 얼 스튜던츠

We are family. 우리는 가족입니다.
위 얼 패밀리

You are a student. 당신은 학생입니다.
유 얼 어 스튜던트

You are students. 너희들은 학생(들)입니다.
유 얼 스튜던츠

He is a student. 그는 학생입니다.
히 이즈 어 스튜던트

They are students. 그들은 학생(들)입니다.
데이 얼 스튜던츠

be동사의 종류에 따라 구분하면 아래와 같습니다.

주어	be동사
I	am
She / He It	is
We You They	are

꽃이름(+꽃말)을 나타내는 영어 단어

rose 로즈	**장미** 꽃말: 사랑, 애정
sunflower 선플라월	**해바라기** 숭배, 기다림
lily 릴리	**백합** 사랑, 애정
cherry blossom 체리 블라썸	**벚꽃** 순결, 절세미인
morning glory 몰닝 글로리	**나팔꽃** 결속, 허무한 사랑

보충수업 #5

가장 쉬운 a와 the 초간단 구별법

영어에서 a와 the를 구별은 언제나 어렵습니다. 이번 시간에 a와 the의 개념에 대해 간단히 알아볼게요.

a / an **여러 개 중 하나** *불특정한 것 앞에 붙여요.

the **이미 언급된 것** *특정한 것 앞에 붙여요.

Here is a cup. The cup is white.
히얼 이즈 어 컵 더 컵 이즈 화이트
여기 컵이 있어요. 그 컵은 흰색이에요.

첫 문장에서 컵은 이세상에 수많은 컵 중에 하나이기 때문에 a cup이 되었습니다. 다음 문장에서의 컵은 대화 중에 언급되었던 컵이기에 The cup이 되었습니다.

I have a dog. I want to see the dog.
아이 해브 어 독 아이 원 투 시 더 독
나는 강아지가 한 마리 있어요. 나는 그 강아지를 보고 싶어요.

첫 문장의 강아지는 많은 강아지 중 나의 강아지 한 마리로 a dog을 썼고, 두 번째 문장에서는 이미 강아지가 한 번 언급되었기 때문에 the dog을 썼습니다. 우리말로는 아까 말한 그 강아지 정도로 알아두시면 됩니다.

a나 an은 같은 쓰임입니다. 대부분 a를 쓰지만, 뒤에 나오는 단어가 모음(a, e, i, o, u) 발음으로 시작할 때 an을 씁니다. an ant, an apple 같은 것들이죠.

a/an, the가 틀려도 의사소통에 지장이 없으니 천천히 익히세요.

TIP 1. 사람 이름 앞에는 a나 the가 붙지 않습니다.

2. 세상에 유일하게 존재하는 것에는 무조건 the를 붙입니다. The sun(태양), the earth(지구), the moon(달) 같은 것들입니다.

a [어] — a car [어 카알]

an [언]
모음(a, e, i, o, u) 발음 — an apple [언 애플]
an hour [언 아워]

the [더] — the car [더 카알]

the [디]
모음(a, e, i, o, u) 발음 — the apple [디 애플]

모든 것이 주어가 될 수 있다

표현 **단수 주어 + is(be동사) + OOO.**

단수 주어는 OOO입니다.

다양한 단수 주어(한 사람, 한 개)와 짝꿍인 be동사를 알아볼까요?

주어	be동사
I	am
She / He It 단수 주어	is

I를 제외한 모든 단수 주어는 be동사로 is를 씁니다.

My son is 10 years old. 내 아들은 10살입니다.
마이 썬 이즈 텐 이얼즈 올드

He is 10 years old. 그는 10살입니다.
히 이즈 텐 이얼즈 올드

연습 소리를 내면서 아래 문장을 읽어 보세요.

Easy is a kind teacher. 이지는 친절한 선생님입니다.
이지 이즈 어 카인드 티철

He is a kind teacher. 그는 친절한 선생님입니다.
히 이즈 어 카인드 티철

My mom is a housewife. 나의 엄마는 주부입니다.
마이 맘 이즈 어 하우스와이프

She is a housewife. 그녀는 주부입니다.
쉬 이즈 어 하우스와이프

Here is your key. 여기 당신의 열쇠가 있어요.
히얼 이즈 유얼 키

Here is your baggage. 여기 당신의 짐이 있어요.
히얼 이즈 유얼 배기쥐

Sumi is afraid of dogs. 수미는 강아지를 무서워해요.
수미 이즈 어프레이드 오브 독스

She is afraid of dogs. 그녀는 강아지를 무서워해요.
쉬 이즈 어프레이드 오브 독스

be동사 마지막 강의

표현 복수 주어 + are(be동사) + OOO.

복수 주어는 OOO입니다.

다양한 복수 주어를 알아볼까요? 복수일 경우 are과 짝을 이룬다는 점 꼭 기억해 주세요.

주어	be동사
We You They 복수 주어	are

Kim and I are 10 years old.
킴 앤 아이 얼 텐 이얼즈 올드
Kim과 나는 10살입니다.

We are 10 years old. 우리는 10살입니다.
위 얼 텐 이얼즈 올드

연습 소리를 내면서 아래 문장을 읽어 보세요.

You and I are **good friends**.
유 앤 아이 얼 굿 프렌즈
너와 나는 좋은 친구이다.

We are **good friends**.
위 얼 굿 프렌즈
우리는 좋은 친구이다.

Your keys are **on the table**.
유얼 키즈 얼 온 더 테이블
당신의 키들은 탁자 위에 있어요.

Your keys are **here**. 당신의 키들은 여기 있어요.
유얼 키즈 얼 히얼

This bag is heavy. 이 가방은 무겁습니다.
디스 백 이즈 헤비

These bags are **heavy**. 이 가방들은 무겁습니다.
디즈 백스 얼 헤비

That car is black. 저 차는 검정색입니다.
댓 카알 이즈 블랙

Those cars are **red**. 저 차들은 빨간색입니다.
도즈 카알즈 얼 레드

비교하는 영어 단어

long 롱	↔	**short** 숄트	긴 ↔ 짧은
big 빅	↔	**small** 스몰	큰 ↔ 작은
heavy 헤비	↔	**light** 라이트	육중한 ↔ 가벼운 / 빛
old 올드	↔	**young** 영	오래된 ↔ 젊은 / 어린

나라 이름 영어로

China 차이나 — 중국

Chinese 차이니즈 — 중국어 / 중국인 / 중국의

Japan 재팬 — 일본

Japanese 재패니즈 — 일본어 / 일본인 / 일본의

USA
United States (of America) 유나이티드 스테이츠 오브 어메리카 — 미국

Thailand
타이랜드

태국

Thai
타이

태국어 / 태국인 / 태국의

Vietnam
비에트남

베트남

Vietnamese
비에트나미즈

베트남어 / 베트남인 / 베트남의

눈, 코, 입 등 얼굴 영어로

head 헤드	머리
hair 헤얼	머리카락
face 페이스	얼굴
eye 아이	눈
nose 노즈	코
mouth 마우스	입

식사 시간 말하기 + 초간단 인사법

영어로 아침, 점심, 저녁, 밤을 어떻게 말하는지 알아보고 각 시간에 먹는 식사는 어떻게 부르는지 알아보아요.

morning 모닝 — **아침**

- breakfast [브렉퍼스트] 아침 식사
- Good morning. [굿 모닝] 좋은 아침.

afternoon 애프터눈 — **오후**

- lunch [런치] 점심 식사
- afternoon class [애프터눈 클래스] 오후 수업
- afternoon tea [애프터눈 티] 오후에 먹는 차

evening
이브닝

저녁 / 밤

- dinner [디너] 저녁 식사
- evening dress [이브닝 드레스] 야회복
- course dinner [코스 디너] 정식 만찬

night
나이트

밤 / 야간

- Good night. [굿 나잇] 좋은 밤 보내요, 잘 자요.
- night의 반대말은 day [데이]

noon
눈

정오 / 낮12시

mid night
미드 나이트

자정 / 밤12시

감정과 상태를 나타내는 영어 단어

glad
글래드

기쁜

- I am glad to meet you. [아이 엠 글래드 투 미 츄] 만나서 반가워요.
- It is glad to meet you. [잇 이즈 글래드 투 미 츄] 만나서 반가워요.

upset
업셋

속상한

tired
타이얼드

피곤한

relaxed
릴랙스드

느긋한 / 편안한

bored
볼드

지루해 하는

"~ 아닙니다" 부정어 표현 방법(1강)

표현 **I**(주어) + **am**(be동사) + **not** + OOO.

나는 OOO가 아닙니다/하지 않습니다.

'나는 ~가 아닙니다/하지 않습니다.'라고 표현하려면 'I am not OOO.'이라고 하면 됩니다. I am 뒤에 not [낫]만 붙이면 됩니다.

I	am	not
She He It	is	
We You They	are	

I am tired, but I am not hungry.

아이 엠 타이얼드 벗 아이 엠 낫 헝그리

나는 피곤합니다, 하지만 배고프지는 않아요.

연습 소리를 내면서 아래 문장을 읽어 보세요.

I am not bored, I am excited.
아이 엠 낫 볼드 아이 엠 익사이티드
나는 지루하지 않아요, 나는 신이 납니다.

I am not at home, I am at work.
아이 엠 낫 앳 홈 아이 엠 앳 웕크
나는 집에 있지 않아요, 나는 회사에 있습니다.

I am not Japanese, I am Korean.
아이 엠 낫 재패니즈 아이 엠 코리언
나는 일본인이 아닙니다, 나는 한국 사람이에요.

I am not Buddhist, I am Christian.
아이 엠 낫 부디스트 아이 엠 크리스챤
나는 불교인이 아닙니다, 나는 기독교인입니다.

I am not married.
아이 엠 낫 메리드
나는 결혼하지 않았습니다. (나는 미혼입니다.)

외모를 표현하는 영어 단어

tall 톨 — 키가 큰

• 서장훈 is tall. [서장훈 이즈 톨] 서장훈은 키가 큽니다.

pretty 프리티(리) — 매력적인 / 예쁜 / 꽤

• 나은 is pretty. [나은 이즈 프리티] 나은이는 예쁘다.

beautiful 뷰리풀 — 아름다운 / 멋진 / 훌륭한

• 김희선 is beautiful. [김희선 이즈 뷰리풀] 김희선은 아름답다.
• It is beautiful. [잇 이즈 뷰리풀] 그것은 아름답다.

ugly 어글리	**못생긴 / 추한**

반대 handsome [핸썸] 멋진 잘생긴

• 슈렉 is ugly. [슈렉 이즈 어글리] 슈렉은 못생겼다.

slim 슬림	**날씬한 / 호리호리한**

thin 씬	**마른 / 여윈 / 얇은 / 가는**

• thin pizza [씬 피자] 얇은 피자

가족 호칭

family 패밀(멀)리 — 가족

mother 마덜 — 어머니 / 엄마

- mom [맘]
- mommy [마미]

father 파덜 — 아버지 / 아빠

- dad [대드]
- daddy [대디]

grandmother 그랜드 마덜 — 할머니

- grandma [그랜마]

grandfather
그랜드 파덜

할아버지

·grandpa [그랜파]

brother
브라덜

오빠 / 형 / 남동생
(남자 형제)

sister
시스털

언니 / 누나 / 여동생
(여자 자매)

husband
허스밴드

남편

wife
와이프

아내

son
썬

아들

daughter
더럴

딸

"~아닙니다"(2강)

표현 **She/He/It/**(단수 주어) + **is**(be동사) + **not** + OOO.
그녀는/그는/그것은 OOO이 아닙니다/하지 않습니다.

'그/그녀는/장동건은 ~이 아닙니다/하지 않습니다.'라고 표현하기 위해서는 'She/He/사람 이름 is not OOO.' 이라고 하면 됩니다. 사람 이름은 단수 주어로 짝꿍 be동사는 is입니다.

She He It 단수 주어 (사람 이름 포함)	is	not

Lee is not thin, she is slim.
리 이즈 낫 씬 쉬 이즈 슬림
Lee는 마르지 않았어요, 그녀는 날씬합니다.

연습 소리를 내면서 아래 문장을 읽어 보세요.

Kim is not excited, he is bored.

킴 이즈 낫 익사이티드 히 이즈 볼드

Kim은 신나지 않았어요, 그는 지루해 합니다.

It is raining outside, but it is not cold.

잇 이즈 뤠이닝 아웃사이드 벗 잇 이즈 낫 콜드

밖에 비가 오고 있지만, 춥지는 않아요.

It is sunny today, but it is not hot.

잇 이즈 써니 투데이 벗 잇 이즈 낫 핫

오늘은 화창하네요, 하지만 뜨겁지는 않아요.

My son is not 10 years old,

마이 썬 이즈 낫 텐 이얼즈 올드

he is 9 years old.

히 이즈 나인 이얼즈 올드

내 아들은 10살이 아니고, (그는) 9살입니다.

Your key is not in the bag,

유얼 키 이즈 낫 인 더 백

it is on the table.

잇 이즈 온 더 테이블

당신의 키는 가방 속에 없어요, 그것은 탁자 위에 있습니다.

 보충수업 #7

영어로 요일 읽는 법 - 월~일요일

day는 요일(날)이란 뜻이니 day 앞 초록색만 외우면 1주일을 다 알 수 있어요.

Sunday 썬데이	일요일
Monday 먼데이	월요일
Tuesday 튜스데이	화요일
Wednesday 웬즈데이	수요일
Thursday 썰스데이	목요일
Friday 프라이데이	금요일
Saturday 쌔러데이	토요일

성격 표현

polite 폴라이트 — 예의 바른 / 공손한

- a polite man [어 폴라이트 맨] 예의 바른 남자(사람)
- You are polite. [유 얼 폴라이트] 너는 공손한 사람이야.

selfish 셀피쉬 — 이기적인

- a selfish person [어 셀피쉬 펄슨] 이기적인 사람
- I am not selfish. [아이 엠 낫 셀피쉬] 나는 이기적인 사람이 아니야.

clever 클레벌 — 영리한 / 기발한

- a clever boy [어 클레벌 보이] 영리(악)한 소년
- He is handsome and clever. [히 이즈 핸썸 앤 클레벌] 그는 잘생기고 똑똑해요.

foolish
풀리쉬

어리석은 / 바보 같은

· foolish idea [풀리쉬 아이디어] 바보 같은 생각
· It is a foolish idea. [잇 이즈 어 풀리쉬 아이디어] 그것은 멍청한 생각이야.

gentle
젠틀

온화한 / 순한

· gentleman [젠틀맨] 신사
· His voice is gentle. [히즈 보이스 이즈 젠틀] 그의 목소리는 온화하다.

오늘/내일/모레 등

today 투데이 — 오늘

yesterday 예스털데이 — 어제

tomorrow 투모로우 — 내일

the day before yesterday 더데이 비폴 예스털데이 — 그저께

- before [비폴] ~전에

the day after tomorrow 더데이 애프털 투모로우 — 모레

- after [애프털] ~후에

"~아닙니다" (마지막 3강)

표현 You/We/They/(복수 주어) + are(be동사) + not + OOO.
당신/우리/그들은 OOO가 아닙니다/~하지 않습니다.

'당신/우리/그들은 ~가 아닙니다/아닙니다/하지 않습니다.'라고 표현하기 위해서 'You/We/They are not OOO.' 이라고 하면 됩니다.

We You They 복수 주어	are	not

You are not **alone**. 당신은 혼자가 아니에요.
유 얼 낫 얼론

Kim and I are not **10 years old**.
킴 앤 아이 얼 낫 텐 이얼스 올드

We are 12 years old.
위 얼 투웰브 이얼스 올드

Kim과 나는 10살이 아니에요. 우리는 12살입니다.

연습 소리를 내면서 아래 문장을 읽어 보세요.

We are not Chinese. We are Korean.
위 얼 낫 차이니즈. 위 얼 코리언
우리는 중국 사람이 아닙니다. 우리는 한국 사람입니다.

These bags are not heavy.
디즈 백스 얼 낫 헤비
They are light.
데이 얼 라이트
이 가방들은 무겁지 않아요. 그것들은 가볍습니다.

Those cars are not black.
도즈 카알스 얼 낫 블랙
They are gray.
데이 얼 그레이
저 차들은 검정색이 아니에요. 그것들은 회색입니다.

Those people are not Canadian.
도즈 피플 얼 낫 캐네디언
They are Australian.
데이 얼 오스트렐리언
저 사람들은 캐나다 사람이 아니에요. 그들은 호주 사람입니다.

주변 건물/시설들

hospital 하스피럴	병원
bank 뱅크	은행
park 팔크	공원
office 어피스	사무실
post office 포스트 어피스	우체국
convenience store 컨비니언스 스토어	편의점
department store 디팔트먼트 스토어	백화점

영어로 물어보는 법 (의문문 만들기)

 **Am/Is/Are**(be동사) + 주어 + OOO?

주어(나/당신/그녀 등)은 OOO입니까?

'~입니까?'라고 질문하는 방법은 아주 간단해요. '주어 + be동사'에서 주어와 be동사의 순서만 바꾸면 됩니다.

평서문	의문문
I am OOO.	Am I OOO?
She He is OOO. It 단수 주어	she Is he OOO? it 단수 주어
We You are OOO. They 복수 주어	we Are you OOO? they 복수 주어

I am late. / Am I late?
아이 엠 레잍 엠 아이 레잍
나는 늦었어요. / 나 늦었어요?

You are Chinese. / Are you Chinese?
유 얼 차이니즈 얼 유 차이니즈
당신은 중국인입니다. / 당신은 중국인입니까?

연습 소리를 내면서 아래 문장을 읽어 보세요.

She is at home. / Is she at home?
쉬 이즈 앳 홈 이즈 쉬 앳 홈
그녀는 집에 있어요. / 그녀는 집에 있나요?

It is cold outside. / Is it cold outside?
잇 이즈 콜드 아웃사이드 이즈 잇 콜드 아웃사이드
바깥이 춥네요. / 바깥이 춥나요?

Are you hungry? 당신은 배가 고픕니까?
얼 유 헝그리

Are you French? 당신은 프랑스 사람입니까?
얼 유 프렌치

Are you married? 당신은 결혼했습니까?
얼 유 메리드

Are you bored? 당신은 지루합니까?
얼 유 볼드

Are you excited? 당신은 재미있습니까?
얼 유 익싸이티드

Are you a housewife? 당신은 가정주부입니까?
얼 유 어 하우스와이프

Are you serious? 당신은 진지합니까? (진짜예요?)
얼 유 시리어스

보충수업 #8

영어로 1년 12달 읽는 방법

January 재뉴에리	1월
February 페브러어리	2월
March 말치	3월
April 에이프릴	4월
May 메이	5월
June 준	6월

July 줄라이	7월
August 어거스트	8월
September 쎕템벌	9월
October 악토벌	10월
November 노벰벌	11월
December 디쎔벌	12월

Beautiful world!!

world 월드 — 세계 / 세상

- World Cup [월드컵]
- KBS World [케이비에스 월드]
- 월드 비전
- 롯데 월드

sky 스카이 — 하늘

land 랜드 — 육지 / 땅 / 착륙하다

ocean 오션 — 바다 (대양)

- Pacific ocean [퍼시픽 오션] 태평양

sea 씨 — 바다 (근해)

- East sea [이스트 씨] 동해

be동사와 일반동사(do동사) 차이점

 주어 + 일반동사.

주어는 ~합니다.

간다, 마신다, 먹는다 등처럼 움직임이나 행동을 포함하는 동사를 일반동사라고 합니다.

be동사	일반동사
am, are, is: 움직임, 뜻이 없다	study, go: 움직임, 뜻이 있다
I am a student. 아이 엠 어 스튜던트 나는 학생입니다. **You are kind.** 유 알 카인드 당신은 친절합니다.	**I study.** 아이 스터디 나는 공부합니다. **I love you.** 아이 럽 유 나는 당신을 사랑합니다.

연습 소리를 내면서 아래 문장을 읽어 보세요.

I study. 나는 공부합니다.
아이 스터디

I study **English**. 나는 영어를 공부합니다.
아이 스터디 잉글리쉬

I go. 나는 갑니다.
아이 고

I go **to a bank**. 나는 은행에 갑니다.
아이 고 투 어 뱅크

You study. 당신은 공부합니다.
유 스터디

You go. 당신은 갑니다.
유 고

위의 동사 대신 love(사랑하다), work(일하다), like(좋아하다), do(하다)도 넣어 연습해 보세요.

가장 많이 쓰이는 동사 5개

have 해브 — **가지다 / 소유하다**

· I have a car. [아이 해브 어 카알] 나는 새 차를 가지고 있어요.

say 쎄이 — **말하다**

· I say 'Hello.' [아이 세이 헬로] 나는 '안녕'이라고 말해요.

go 고 — **(~장소로) 가다**

· I go to school. [아이 고 투 스쿨] 나는 학교에 가요.

work 월크 — **일하다**

· I work in an office. [아이 월크 인 언 어피스] 나는 사무실에서 일해요.

get 겟 — **가지다**

· I get a new job. [아이 게 러 뉴 잡] 나는 새 직업을 얻었어요.

가장 많이 쓰이는 동사 5개

like 라이크 **좋아하다**

• I like apples. [아이 라이크 애플즈] 나는 사과를 좋아한다.

read 뤼드 **읽다**

• I read a newspaper. [아이 뤼드 어 뉴스페이퍼] 나는 신문을 읽어요.

see 씨 **보다**

• See you tomorrow. [씨 유 투모로우] 내일 봐요.

Later [레이러] 나중에

Soon [순] 곧

come
컴

(~쪽으로) 오다

- Come here. [컴 히어] 이리 와.
- Coming soon [커밍 순] 개봉 박두

want
원트

원하다 / 바라다

- I want some coffee. [아이 원트 썸 커피] 나는 커피를 마시고 싶어요.

"~하지 않는다" 영어로 (일반동사 부정문)

표현 주어 + **do not**(don't) + 일반동사.

주어는 ~하지 않습니다.

일반동사가 들어간 문장에서 do not을 쓰면 '~하지 않습니다'라고 표현할 수 있습니다. do not은 don't [돈트]로 줄여 쓸 수도 있습니다.

I like apples. 나는 사과를 좋아합니다.
아이 라이크 애플즈

I do not like apples. 나는 사과를 좋아하지 않습니다.
아이 두 낫 라이크 애플즈

- **be**동사 '아니요': **be**동사(am, are, is) + **not**
- 일반동사 '아니요': **do not**(don't) + 일반동사

연습 소리를 내면서 아래 문장을 읽어 보세요.

I have a car. 나는 차를 가지고 있어요.
아이 해브 어 카알

I don't have a car. 나는 차가 없어요.
아이 돈트 해브 어 카알

I go to school. 나는 학교에 가요.
아이 고 투 스쿨

I don't go to school. 나는 학교에 가지 않아요.
아이 돈트 고 투 스쿨

I work in an office. 나는 사무실에서 일해요.
아이 월크 인 언 어피스

I don't work in an office.
아이 돈트 월크 인 언 어피스
나는 사무실에서 일하지 않아요.

I read a book. 나는 책을 읽어요.
아이 뤼드 어 북

I don't read a book. 나는 책을 읽지 않아요.
아이 돈트 뤼드 어 북

I drink coffee, but I don't drink tea.
아이 드링크 커피 벗 아이 돈트 드링크 티
나는 커피를 마시지만, 차는 마시지 않아요.

보충수업 #9 숫자 영어

영어로 숫자 읽는 법 - 1~100

1부터 100까지 영어로 읽는 법을 배워 볼게요. 우선 1부터 10까지 외우는 것이 중요합니다. 11부터는 1~10을 조합하면 되거든요.

1	**one** 원	**6**	**six** 씩스
2	**two** 투	**7**	**seven** 세븐
3	**three** 쓰리	**8**	**eight** 에이트
4	**four** 포	**9**	**nine** 나인
5	**five** 파이브	**10**	**ten** 텐

11~20은 1~10 뒤에 -teen을 붙인다고 생각하면 됩니다. 단 11, 12, 20은 예외로 외워야 합니다.

11	**eleven** 일레븐	**16**	**sixteen** 씩스틴
12	**twelve** 투웰브	**17**	**seventeen** 세븐틴
13	**thirteen** 썰틴	**18**	**eighteen** 에이틴
14	**fourteen** 포틴	**19**	**nineteen** 나인틴
15	**fifteen** 피프틴	**20**	**twenty** 트웬티

TIP teen은 우리말로 10(십)입니다. 그래서 four(4) + teen(10)이 14가 된다고 이해하면 쉽습니다.

21은 twenty [트웬티] + one [원], 22는 twenty [트웬티] + two [투]와 같이 십 단위와 일 단위를 합치기만 하면 됩니다.

21부터 29까지 함께 읽어 보아요.

21	**twenty-one** 트웬티 원
22	**twenty-two** 트웬티 투
23	**twenty-three** 트웬티 쓰리
24	**twenty-four** 트웬티 포
25	**twenty-five** 트웬티 파이브
26	**twenty-six** 트웬티 씩스
27	**twenty-seven** 트웬티 세븐
28	**twenty-eight** 트웬티 에이트
29	**twenty-nine** 트웬티 나인

10단위 역시도 규칙이 있는데, 1~10 뒤에 십 단위를 나타내는 -ty만 1~10 뒤에 붙이면 됩니다.

10	**ten** 텐	**60**	**sixty** 씩스티
20	**twenty** 투웬티	**70**	**seventy** 세븐티
30	**thirty** 써티	**80**	**eighty** 에이티
40	**forty** 포티	**90**	**ninety** 나인티
50	**fifty** 피프티	**100**	**hundred** 헌드레드

TIP forty(40)의 경우 four(4) + ty(10단위)가 맞지만 철자가 예외입니다. 알파벳이 어렵다면 발음만 외우셔도 괜찮습니다.

헷갈리는 것들을 다시 한 번 정리해 볼까요?

12	twelve 투웰브	20	twenty 투웬티
13	thirteen 썰틴	30	thirty 써티
14	fourteen 포틴	40	forty 포티
15	fifteen 피프틴	50	fifty 피프티
16	sixteen 씩스틴	60	sixty 씩스티
17	seventeen 세븐틴	70	seventy 세븐티
18	eighteen 에이틴	80	eighty 에이티
19	nineteen 나인틴	90	ninety 나인티

가장 많이 쓰이는 동사 5개

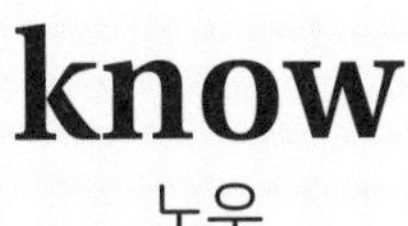

know
노우

알다 / 알고 있다

- I don't know. [아이 돈 노우] 나는 몰라요.
- know-how [노하우] 방법을 알다

know에서 k는 묵음이라 발음 나지 않습니다.

call
콜

~라고 부르다 / 전화하다

- Call me Easy. 이지라고 부르면 됩니다.
  콜 미 이지
- I call the teacher Easy. 나는 그 선생님을 이지라고 부른다.
  아이 콜 더 티철 이지

live
리브

살다 / 거주하다

•I live in Seoul. [아이 리브 인 서울] 나는 서울에 살아요.

live를 [라이브]라고 읽으면 '살아 있는'이라는 뜻이 됩니다. TV 생방송을 '라이브'라고 하죠.

need
니드

(~을) 필요로 하다

•I need some water. [아이 니드 썸 워럴] 나는 물이 필요해요.

•I need a doctor. [아이 니드 어 닥털] 나는 의사가 필요해요.

feel
필

(감정/기분이) 들다 / 느끼다

•I feel free. [아이 필 프리] 자유로워.

•I feel sorry for Kim. [아이 필 쏘리 폴 킴] Kim이 안쓰러워요.

sorry는 미안하다는 뜻도 있지만 '유감인, 안쓰러운' 이란 뜻도 있습니다. 외국에서 누군가 구걸할 때 sorry라고 하면 "네가 안쓰러워(불쌍해)"라고 들릴 여지도 있기에 대꾸를 안 하는 것이 가장 좋습니다.

가장 많이 쓰이는 동사 5개

help 헬프 — **돕다 / 거들다**

- Help me! [헬프 미] 도와주세요!
- Can I help you? [캔 아이 헬프 유] 도와드릴까요?

use 유즈 — **쓰다 / 사용하다**

- I use the computer. 나는 (그) 컴퓨터를 사용해요.
  아이 유즈 더 컴퓨터

talk 토크 — **말하다 / 이야기하다**

- Stop talking. [스탑 토킹] 그만 이야기해요.

look
룩

보다 / 바라보다

• Look at me. [룩 앳 미] 나를 바라봐요.

look은 see보다 집중해서 무언가를 바라볼 경우에 쓰입니다.

think
씽크

생각하다

• I think so. [아이 씽(크) 쏘] 나도 그렇게 생각해요.

3인칭 단수 + 일반동사 's' 붙이는 방법

She/He/It/단수 주어 + 일반동사s.
주어는 ~합니다.

She/He/It/단수 주어는 통틀어 3인칭 단수라고 부릅니다. 3인칭 단수는 be동사 is와 짝꿍이었습니다. 반면 3인칭 단수 주어가 일반동사와 쓰일 때는 특이하게 일반동사 뒤에 s나 es가 붙습니다.

I like apples. 나는 사과를 좋아합니다.
아이라이크 애플즈

She likes apples. 그녀는 사과를 좋아합니다.
쉬 라잌스 애플즈

s나 es가 붙는 규칙은 다음과 같습니다.

대부분	~s	read → reads love → loves
~o, ~s, ~sh, ~ch 등	~es	do → does go → goes wash → washes
자음 + y	~ies	study → studies

연습 소리를 내면서 아래 문장을 읽어 보세요.

I read a book. 나는 책을 읽어요.
아이 뤼드 어 북

He reads a book. 그는 책을 읽어요.
히 뤼즈 어 북

I want some coffee. 나는 커피를 마시고 싶어요.
아이 원트 썸 커피

She wants some coffee.
쉬 원츠 썸 커피
그녀는 커피를 마시고 싶어요.

I go to school. 나는 학교에 가요.
아이 고 투 스쿨

Tom goes to school. Tom은 학교에 갑니다.
탐 고스 투 스쿨

I study English. 나는 영어를 공부해요.
아이 스터디 잉글리쉬

Kim studies English. Kim은 영어를 공부해요.
킴 스터디스 잉글리쉬

He likes jazz music. 그는 재즈음악을 좋아합니다.
히 라익스 재즈 뮤직

가장 많이 쓰이는 동사 5개

sit
씻

앉다

• Sit down, please. [씻 다운, 플리즈] 여기 앉으세요.

비교 seat [시트] 자리, 좌석

'앉다'라는 뜻의 sit과 발음은 비슷하지만, 뜻은 다르니 눈여겨 보세요.

start
스탈트

시작하다 / 출발하다

반대 finish [피니쉬] 끝내다 / end [엔드] 끝

pay
페이

지불하다 / 돈을 내다

• I pay $100 for this. 나 이것을 위해 100달러 냈어요.
아이 페이 헌드레드 달러스 포 디스

• KakaoPay [카카오 페이] / Naver Pay [네이버 페이]

move
무브

움직이다 / 옮기다 / 이사하다

• Don't move. [돈 무브] 꼼짝 마.

change
체인지

변하다 / 바꾸다

• He changes his car. 그는 그의 차를 바꿔요.
히 체인지스 히스 카알

• Can we change seats? 우리 자리 바꿀 수 있을까요? (비행기에서)
캔 위 체인지 씻츠

해외여행 중 꼭 필요하니 외워 두세요!

"~하지 않는다" 영어로 (doesn't의 활용)

3인칭 단수 + **does not**(doesn't) + 일반동사.

주어는 ~하지 않습니다.

일반동사 부정은 do not으로 했었지만, 주어가 3인칭 단수일 때는 does not으로 '~않는다'를 표현합니다. does not은 doesn't [더즌트]로 줄여 쓸 수 있습니다.

I read a book. 나는 책을 읽습니다.
아이 뤼드 어 북

I don't read a book. 나는 책을 읽지 않습니다.
아이 돈트 뤼드 어 북

He reads a book. 그는 책을 읽습니다.
히 뤼즈 어 북

He doesn't read a book. 그는 책을 읽지 않습니다.
히 더즌트 뤼드 어 북

연습 소리를 내면서 아래 문장을 읽어 보세요.

I drink coffee. 나는 커피를 마십니다.
아이 드링크 커피

I don't drink coffee. 나는 커피를 마시지 않습니다.
아이 돈트 드링크 커피

He drinks coffee. 그는 커피를 마십니다.
히 드링크스 커피

He doesn't drink coffee.
히 더즌트 드링크 커피
그는 커피를 마시지 않습니다.

I like apples. 나는 사과를 좋아합니다.
아이라이크 애플즈

I don't like apples. 나는 사과를 좋아하지 않습니다.
아이 돈트 라이크 애플즈

She likes apples. 그녀는 사과를 좋아합니다.
쉬 라잌스 애플즈

She doesn't like apples.
쉬 더즌트 라이크 애플즈
그녀는 사과를 좋아하지 않습니다.

TIP 지금까지 배운 내용을 간단히 표로 정리하면 아래와 같습니다.

주어	일반동사 / 일반동사s(es)	부정문
I	일반동사	don't
She He It 단수 주어	일반동사 s(es)	doesn't
We You They 복수 주어	일반동사	don't

보충수업 #10 – 숫자 영어 – "서수" 첫 번째, 두 번째 읽는 방법

영어로 층수 세기

순서가 있는 걸들을 '서수'하고 하죠. '첫 번째, 두 번째'같은 표현입니다. 이때는 우리가 알고 있는 원, 투, 쓰리 말고 다른 말로 표현해야 해요. 예를 들면 1층, 2층을 표현하거나, 1등, 2등을 표현할 때이지요.

1	first 펄스트	6	sixth 식스쓰
2	second 세컨드	7	seventh 세븐쓰
3	third 썰드	8	eighth 에잇쓰
4	fourth 폴쓰	9	ninth 나인쓰
5	fifth 피프쓰	10	tenth 텐쓰

취미를 나타내는 동사 5개

hobby 취미
하비

• What is your hobby? 당신의 취미는 무엇입니까?
왓 이즈 유얼 하비

swim 수영하기
스윔

• swimming pool [스위밍 풀] 수영장

• My hobby is swimming. 내 취미는 수영하는 것이야.
마이 하비 이즈 스위밍

규칙 동사 + -ing = ~하는 것

read [뤼드] 읽다 → reading [뤼딩] 읽는 것
listen [리슨] 듣다 → listening [리스닝] 듣기

listen
리슨

듣다 / 귀기울이다

- listen to music [리슨 투 뮤직] 음악을 듣다
- My hobby is listening to music.
  마이 하비 이즈 리스닝 투 뮤직
  내 취미는 음악을 듣는 것이야.

play
플레이

놀다 / 게임하다 / 악기 연주하다

- play a game [플레이 어 게임] 게임을 하다
- play the piano [플레이 더 피아노] 피아노 연주를 하다

ride
라이드

타다 / 승마하다

- ride a bicycle [라이드 어 바이시클] 자전거를 타다
- My hobby is riding a(my) bicycle.
  마이 하비 이즈 라이딩 어(마이) 바이시클
  나의 취미는 자전거를 타는 것이다.

hike
하이크

등산하다 / 하이킹하다

비교 climb [클라임] 오르다, 등반하다

많은 분들이 등산하는 것을 climb a mountain [클라임 어 마운틴]으로 알고 있지만, climb은 암벽 등반이나 아주 험준한 산을 오를 때만 씁니다.

- My hobby is hiking. 내 취미는 하이킹(등산)하는 것이다.
  마이 하비 이즈 하이킹

가장 많이 쓰이는 동사 5개

meet 미트 　　 만나다

- Nice to meet you. [나이스 투 미트 유(미 츄)] 만나서 반갑습니다.
  처음 만나는 경우 아주 자주 쓰는 표현입니다.
- meeting [미팅] 회의

learn 러언 　　 배우다 / 학습하다

비교 study [스터디] 공부하다
- I study English. [아이 스터디 잉글리쉬]
- I learn English. [아이 러언 잉글리쉬]
  두 문장 보두 '영어를 공부하다'로 쓰일 수 있습니다. 다만, 인생의 교훈, 경험 같은 것을 배울 때는 learn을 씁니다.

open
오픈

열다 / 열려있는

- Open the door, please. [오픈 더 도얼, 플리즈]
  문을 열어주세요, 부탁합니다.
- Opening hours [오프닝 아월즈] 영업시간

speak
스피크

말하다 / 이야기하다

비교 talk [토크] 말하다

speak은 듣는 사람이 없어도 단순히 말하는 것, 혹은 청중 앞에서 연설하는 것 등의 말하기이고, talk는 상대와 상호작용하며 대화를 나눌 때 씁니다.

- I can speak English. [아이 캔 스피크 잉글리쉬] 나 영어 말할 수 있어.
- We need to talk. [위 니드 투 토크] 우리 대화 좀 하자.

walk
워크

걷다 / 산책하다

- Let's take a walk. [렛츠 테이크 어 워크] 산책합시다.
- Let's go for a walk. [렛츠 고 폴 어 워크] 산책하러 갑시다.
  Let's는 '~하자'고 권유하는 표현이니 알아두시면 좋아요!
- walking machine [워킹 머신] 걷기 운동기구

'-ing'는 언제 쓰는 건가요?(현재진행형)

 주어 + be동사 + 동사ing + OOO.

주어는 OOO을 동사하고 있는 중이다.

동사 뒤에 -ing를 붙여서 〈동사 + ing〉를 만들면 ① '~하는 중이야'를 표현할 수 있고, ② '~하는 것'을 나타낼 수도 있습니다.

① ~하는 중이야.

I'm reading a book.
아임 리딩 어 북
나는 책을 읽는 중이야.

② ~하는 것

My hobby is reading a book.
마이 하비 이즈 리딩 어 북
내 취미는 책읽기야.

연습 소리를 내면서 아래 문장을 읽어 보세요.

I drink tea. 나는 차를 마셔.
아이 드링크 티

I'm drinking tea. 나는 차를 마시는 중이야.
아임 드링킹 티

I study English. 나는 영어 공부를 해.
아이 스터디 잉글리쉬

I'm studying English.
아임 스터딩 잉글리쉬
나는 영어 공부를 하는 중이야.

I work. 나는 일해.
아이 월크

I'm working. 나는 일하는 중이야.
아임 월킹

You watch YouTube. 당신은 유튜브를 봐요.
유 워치 유튜브

You're watching YouTube.
유얼 워칭 유튜브
당신은 유튜브를 보는 중입니다.

It rains. 비가 온다.
잇 웨인스

It's raining. 비가 오는 중이야.
잇츠 뤠이닝

She eats. 그녀는 먹는다.
쉬 이츠

She is eating. 그녀는 먹는 중이다.
쉬 이즈 이팅

They run. 그들은 달린다.
데이 런

They're running. 그들은 달리는 중이다.
데이얼 러닝

He watches TV. 그는 TV를 본다.
히 와치스 티뷔

He is watching TV. 그는 TV를 보는 중이다.
히 이즈 와칭 티뷔

가장 자주 쓰이는 동사 5개

sell 쎌 — 팔다 / 팔리다

- I sell shoes. [아이 쎌 슈즈] 나는 신발을 팝니다.
- seller [쎌러] 판매자

규칙 단어 + er: ~하는 사람

drive [드라이브] 운전하다 – driver [드라이버] 운전사
game [게임] 게임하다 – gamer [게이머] 게임하는 사람

buy 바이 — 사다 / 구입하다

- Don't buy it. [돈 바이 잇] 그것은 사지 마세요.
- buyer [바이어] 구매자, 바이어
- Buy one, get one free. [바이 원 겟 원 프리]
  하나 사면, 하나 무료 얻기 (1+1)

write
라이트

(글자, 숫자)를 쓰다

write [롸이트]에서 w는 묵음으로 발음이 나지 않습니다. wr-의 경우 w가 묵음이 되는 경우가 많습니다.

- I write a memo. [아이 롸이트 어 메모] 나는 메모를 씁니다.

try
트라이

노력하다 / 시도하다

- Try again. [트라이 어게인] 다시 해 봐.
- Can I try it on? [캔 아이 트라이 잇 온] 제가 이것을 입어봐도 될까요?

여행지 옷 가게에서 입어보기 전에 물어볼 수 있어요.

understand
언덜스탠드

이해하다

- Do you understand? [두유 언더스탠드] 당신은 이해하시나요?
- Yes, I understand. [예스, 아이 언더스탠드] 네, 이해합니다.

수업 시간에 선생님이 Do you understand? (이해하시나요?)라고 물어보면 Yes, I understand. (네. 이해합니다.)라고 대답하시면 됩니다.

하늘에 떠 있는 것들

Earth
어스

지구

- Mercury [머큐리] 수성
- Venus [비너스] 금성
- Mars [마스] 화성

sun
썬

해 / 태양

- sunrise [썬라이즈] 일출
- sunset [썬쎗] 일몰
- sunshine [썬샤인] 햇빛, 햇살

star
스타

별

- a four-star general [어 폴-스타 제네럴] 4성 장군
- a five-star hotel [어 파이브-스타 호텔] 5성 호텔
- pop star [팝 스타] 팝 스타 (유명한 가수)
- sports star [스포츠 스타] 스포츠 스타 (유명한 운동선수)

moon
문

달

- full moon [풀 문] 보름달
- half moon [하프 문] 반달

sky
스카이

하늘

- **SKY 대학**: 서울대/고려대/연세대를 통칭하여 부르는 말

  Seoul National University: 서울대학교

  Korea University: 고려대학교

  Yonsei University: 연세대학교
- Sky Castle [스카이 캐슬] 유명 드라마 (직역: 하늘 성)
- Sky Life [스카이 라이프] 위성 방송 회사 (직역: 하늘 삶)

cloud
클라우드

구름

- cloud service [클라우드 서비스]

  인터넷 기반 신규 서비스. 데이터를 중앙컴퓨터에 저장해서 인터넷에 접속하기만 하면 언제 어디서든 데이터를 이용할 수 있는 서비스

보충수업 #11 – 숫자 영어

영어로 방번호, 전화번호 읽는 방법

방번호를 말할 때는 아래 표현으로 말하고, 방번호는 숫자 한 개씩 읽어 주면 됩니다.

- **My room number is OOO.** 내방 번호는 OOO입니다.
  마이 룸 넘벌 이즈 OOO
- **This is room OOO.** 여기는 OOO호입니다.
  디스 이즈 룸 OOO

- **205: two O five** [투 오 파이브]
- **404: four O four** [포 오 포]
- **1602: one six O two** [원 식스 오 투]
  sixteen O two [식스틴 오 투]

TIP 참고로 숫자 0은 zero [지로]로도 읽지만, O [오]로도 읽는 경우가 많습니다.

전화번호도 방번호와 마찬가지입니다. 숫자를 하나씩 또박또박 읽어 주시면 되겠습니다.

·011-3574-0245:
O one one - three five seven four - O two four five
오 원 원 쓰리 파이브 세븐 포 오 투 포 파이브

·02-3257-5210:
O two - three two five seven - five two one O
오 투 쓰리 투 파이브 세븐 파이브 투 원 오

핵심 영어 문법 정리 + -ing의 부정

주어 + be동사 + not + 동사ing + OOO.

주어는 OOO을 동사하는 중이 아닙니다.

DAY 53에서 배운 〈동사 + ing〉를 부정할 때는 앞에 not을 붙여주시면 됩니다. 지금까지 배운 부정문을 살펴볼게요.

I am not a student.

아 엠 낫 어 스튜던트

나는 학생이 아닙니다.

I don't drink tea.

아이 돈트 드링크 티

나는 차를 마시지 않습니다.

I'm not drinking tea.

아임 낫 드링킹 티

나는 차를 마시는 중이 아닙니다.

연습 소리를 내면서 아래 문장을 읽어 보세요.

I read a book. 나는 책을 읽습니다.
아이 뤼드 어 북

I don't read a book. 나는 책을 읽지 않습니다.
아이 돈트 뤼드 어 북

I'm reading a book. 나는 책을 읽는 중입니다.
아임 뤼딩 어 북

I'm not reading a book.
아임 낫 뤼딩 어 북
나는 책을 읽는 중이 아닙니다.

I'm working. I'm not watching TV.
아임 월킹 아임 낫 워칭 티뷔
나는 일하는 중입니다. 나는 TV를 보고 있지 않습니다.

She isn't eating.
쉬 이즌트 이팅
She is listening to music.
쉬 이즈 리스닝 투 뮤직
그녀는 먹고 있지 않습니다. 그녀는 음악을 듣는 중입니다.

The phone is ringing.
더 폰 이즈 링잉
그 휴대폰이 울리고 있습니다.

It isn't ringing. 그것이 울리고 있지 않습니다.
잇 이즌트 링잉

You aren't listening to me.
유 언트 리스닝 투 미
당신은 나를(내 이야기를) 듣고 있지 않는 중입니다.

The weather is nice.
더 웨덜 이즈 나이스
It isn't raining outside.
잇 이즌트 뤠이닝 아웃사이드
날씨가 좋습니다. 지금 밖에 비가 내리지 않습니다.

We aren't studying.
위 언트 스터딩
We are playing soccer.
위 얼 플레잉 싸컬
우리는 공부하는 중이 아닙니다. 우리는 축구하는 중입니다.

TIP 지금까지 배운 내용을 간단히 표로 정리하면 아래와 같습니다.

주어	be동사	부정	~하는 중
I	am	not	일반동사 + ing
She He It 단수 주어	is		
We You They 복수 주어	are		

가장 자주 쓰이는 동사 5개

ask
애스크

묻다 / 부탁하다

- Can I ask you a question? [캔 아이 애스크 유 어 퀘스쳔]
  제가 당신에게 질문을 할 수 있을까요?
  question [퀘스쳔] 질문, 문제
- Can I ask you for a favor? [캔 아이 애스크 유 어 페이벌]
  제가 당신에게 부탁을 할 수 있을까요?
  favor [페이벌] 호의, 친절

turn
턴

돌다 / 돌리다 / 차례

- turntable [턴테이블] LP 재생기
- Turn left. Turn right. [턴 레프트, 턴 롸이트]
  왼쪽으로 도세요. 오른쪽으로 도세요.
- U-turn, P-turn [유 턴, 피 턴] U턴, P턴

find
파인드

찾다 / 발견하다

- I cannot find my watch. [아이 캔 낫 파인드 마이 워치]
  나는 나의 시계를 찾을 수 없습니다.
  I cannot ~ [아이 캔 낫] ~을 할 수 없다
- I cannot find a job. [아이 캔 낫 파인드 어 잡]
  나는 직업을 찾을 수 없습니다.

run
런

달리다 / 작동(기능)하다

- I run every day. [아이 런 에브리데이] 나는 매일 달립니다.
  every day [에브리데이] 매일, 매일의
- running machine [러닝 머신] 러닝 머신

show
쇼

쇼 / 보여주다

- Show me. [쇼 미] 나에게 보여주세요.
- Show me the money. [쇼 미 더 머니] 돈을 보여 주세요.
- showtime [쇼 타임] 상영 시간

가장 자주 쓰이는 명사 5개

people 피플 — 사람

비교 person [펄슨] 사람

person의 경우 한 명의 사람, 여러 사람에 모두 쓸 수 있지만 people은 통상 사람들에 해당하는 여러 사람에만 쓸 수 있습니다. 참고로 person 뒤에 's'를 붙여 persons로 쓰게 되면 여러 사람을 표현할 수 있습니다.

- one person (a person) [원 펄슨] 한 사람
- four persons [폴 펄슨스] 네 사람
- four people [폴 피플] 네 사람

history 히스토리 — 역사 / 이력

- history class [히스토리 클래스] 역사 수업(시간)
- history of Korea [히스토리 오브 코리아] 한국 역사

way
웨이

방법 / 길

- my way [마이 웨이] 나의 방식, 나만의 길
- your way [유어 웨이] 당신의 방식, 당신만의 길
- the way to ~ [더 웨이 투 ~] ~ 가는 길
- way out [웨이 아웃] 출구, 탈출구

art
아트

미술 / 예술 / 미술품

- modern art [모던 아트] 현대 미술

모던(modern)하다는 말은 세련되고 현대적이라는 뜻으로 주로 쓰입니다. 대비되는 말로는 클래식(classic)하다라는 말이 있습니다.

- art museum [아트 뮤지엄] 미술관(대규모, 공익 목적)
- art gallery [아트 갤러리] 화랑(소규모, 사익 목적)

government
거벌먼트

정부 / 정권 / 행정

- Korean government [코리안 거벌먼트] 한국의 정부

가장 자주 쓰이는 명사 5개

health
헬스

건강

- health care [헬스 케얼] 건강 관리(돌봄)
- care [케얼] 돌봄, 보살핌
- healthy [헬씨] 건강한
- Take care (of yourself). [테이크 케얼 오브 유얼 셀프]
  몸을 잘 돌봐. 건강 잘 챙겨. (헤어질 때 하는 인사 중 하나)

system
시스틈

시스템 / 제도 / 체제

- system air conditioner [시스틈 에어 컨디셔너] 시스템 에어컨
- bank system [뱅크 시스틈] 은행 시스템
- learning system [러닝 시스틈] 학습 시스템

computer
컴퓨럴

컴퓨터

- compute [컴퓨트] 계산하다
- software [소프트웨어] 소프트웨어
- hardware [하드에어] 하드웨어
- a personal computer [어 펄스널 컴퓨럴] 개인용 컴퓨터

meat
미트

(식용) 고기

- beef [비프] 소고기
- pork [포크] 돼지고기
- chicken [치킨] 닭고기

year
이얼

해(년/연)

- I am 45 years old. [아이 엠 포리파이브 이얼스 올드] 내 나이는 45세입니다.
- this year [디스 이얼] 올해
- next year [넥스트 이얼] 내년
- last year [라스트 이얼] 작년
- year 1963 [이얼 나인틴식스티쓰리] 1963년

영어로 질문하는 방법

Do + 주어 + 동사 ~?

주어는 ~하나요?

be동사가 들어간 문장에서 의문문을 만들 때는 주어와 동사의 순서를 바꾸었습니다. (DAY 40 참고) 일반동사가 들어간 문장에서는 기본 문장 앞에 'do'를 붙이고 문장 끝을 올려주셔야 합니다.

You are a student. 당신은 학생입니다. (be동사 문장)
유 얼 어 스튜던트

- **Are you a student?** 당신은 학생입니까?
얼 유 어 스튜던트

You drink tea. 당신은 차를 마십니다. (일반동사 문장)
유 드링크 티

- **Do you drink tea?** 당신은 차를 마십니까?
두 유 드링크 티

연습 소리를 내면서 아래 문장을 읽어 보세요.

I study English. 나는 영어 공부를 합니다.
아이 스터디 잉글리쉬

Do you study **English**? 당신은 영어 공부를 합니까?
두 유 스터디 잉글리쉬

I read a book. 나는 책을 읽습니다.
아이 뤼드 어 북

Do you read **a book**? 당신은 책을 읽습니까?
두 유 뤼드 어 북

I play tennis. 나는 테니스를 칩니다.
아이 플레이 테니스

Do you play **tennis**? 당신은 테니스를 칩니까?
두 유 플레이 테니스

I love you. / **You love me.**
아이 럽 유 유 럽 미
나는 당신을 사랑합니다. / 당신은 나를 사랑합니다.

Do you love **me**? 당신은 나를 사랑합니까?
두 유 럽 미

퀴즈 문장이 맞는지 틀린 지 판단해 보세요.

Do you a student?
두 유 어 스튜던트

Are you read a book?
얼 유 뤼드 어 북

위 두 문장 모두 틀린 문장입니다. 영어는 한 문장에 주어와 동사가 한 개씩 있어야 합니다. 첫 번째는 동사가 하나도 없어서 틀렸고, 두 번째는 동사가 두 개(are, read)라서 틀립니다.

be동사는 상태나 성격을 표현할 때 쓰이며, 일반동사는 움직임을 표현할 때 쓰입니다. 위의 문장을 올바르게 고치면 아래와 같습니다.

Are you a student? 당신은 학생입니까?
얼 유 어 스튜던트

Do you read a book? 당신은 책을 읽습니까?
두 유 뤼드 어 북

심화 아래 의문문을 반복해서 읽고 외워 보세요.

Are you **a student**? [아 유 어 스튜던트]

Do you **like coffee**? [두 유 라이크 커피]

Do you **have** ~? [두 유 해브 ~]

Do you **say** ~? [두 유 세이 ~]

Do you **get** ~? [두 유 겟 ~]

Do you **go** ~? [두 유 고 ~]

Do you **like** ~? [두 유 라이크 ~]

Do you **read** ~? [두 유 뤼드 ~]

Do you **know** ~? [두 유 노우 ~]

Do you **call** ~? [두 유 콜 ~]

Do you **need** ~? [두 유 니드 ~]

Do you **use** ~? [두 유 유즈 ~]

Do you **pay** ~? [두 유 페이 ~]

퀴즈 빈칸에 Are나 Do를 넣어 의문문을 완성해 보세요.

1. ________ **you a student?**
2. ________ **you read a book?**
3. ________ **you happy?**
4. ________ **you like coffee?**
5. ________ **you know BTS?**
6. ________ **you have breakfast?**

정답: 1. Are 2. Do 3. Are 4. Do 5. Do 6. Do

보충수업#12 – 숫자 영어

영어로 날짜(일) 읽기

달력 날짜는 앞서 배운 첫 번째, 두 번째를 나타내는 서수로 읽어야 합니다. 1~31까지 숫자와 달력 일자 읽는 법을 구분했습니다. 괄호 안이 달력 날짜 읽는 법이고 특히, 초록색 글씨를 주의해서 읽어 주세요.

1	**one (first)** 원 / 펄스트	7	**seven (seventh)** 세븐 / 세븐쓰
2	**two (second)** 투 / 세컨드	8	**eight (eighth)** 에잇 / 에잇쓰
3	**three (third)** 쓰리 / 썰드	9	**nine (ninth)** 나인 / 나인쓰
4	**four (fourth)** 포 / 폴쓰	10	**ten (tenth)** 텐 / 텐쓰
5	**five (fifth)** 파이브 / 피프쓰	11	**eleven(eleventh)** 일레븐 / 일레븐쓰
6	**six (sixth)** 씩스 / 씩스쓰	12	**twelve (twelfth)** 트웰브 / 트웰프쓰

13	**thirteen** **(thirteenth)** 썰틴 / 썰틴쓰
14	**fourteen** **(fourteenth)** 폴틴 / 폴틴쓰
15	**fifteen** **(fifteenth)** 피프틴 / 피프틴쓰
16	**sixteen** **(sixteenth)** 씩스틴 / 씩스틴쓰
17	**seventeen** **(seventeenth)** 세븐틴 / 세븐틴쓰
18	**eighteen** **(eighteenth)** 에잇틴 / 에잇틴쓰
19	**nineteen** **(nineteenth)** 나인틴 / 나인틴쓰
20	**twenty** **(twentieth)** 트웬티 / 트웬티어쓰
21	**twenty-one** **(twenty-first)** 트웬티-원 / 트웬티-퍼스트
22	**twenty-two** **(twenty-second)** 트웬티-투 / 트웬티-세컨드

23 **twenty-three** (twenty-third)

트웬티-쓰리 / 트웬티-썰드

24 **twenty-four** (twenty-fourth)

트웬티-포 / 트웬티-폴쓰

25 **twenty-five** (twenty-fifth)

트웬티-파이브 / 트웬티-피프쓰

26 **twenty-six** (twenty-sixth)

트웬티-씩스 / 트웬티-씩스쓰

27 **twenty-seven** (twenty-seventh)

트웬티-세븐 / 트웬티-세븐쓰

28 **twenty-eight** (twenty-eighth)

트웬티-에잇 / 트웬티-에잇쓰

29 **twenty-nine** (twenty-ninth)

트웬티-나인 / 트웬티-나인쓰

30 **thirty** (thirtieth)

써티 / 써티어쓰

31 **thirty-one** (thirty-first)

써티-원 / 써티-퍼스트

가장 자주 쓰이는 명사 5개

music 음악
뮤직

- musician [뮤지션] 음악가, 뮤지션

규칙 단어 + ian: ~(하는) 사람

Brazilian [브라질리언] 브라질 사람

Canadian [캐네디언] 캐나다 사람

음악 장르: jazz [째즈], hip-hop [힙합], rock [롹], trot [트롯]

- Do you listen to music? [두 유 리슨 투 뮤직]
당신은 음악을 듣습니까?

method 방법
메쏘드

비교 way도 '방법'이지만 method가 조금 더 체계적이고 정리된 방법일 때 씁니다.

- teaching method [티칭 메쏘드] 교수법
- efficient method [이피션트 메쏘드] 효율적인 방법

data
데이타

데이터

- big data [빅 데이타] 빅데이터
- personal data [펄스널 데이타] 개인 정보
- data roaming [데이타 로밍] 데이터 로밍
- backup [백업] 백업(데이터 저장), 지원

law
러

법 / 법칙

- lawyer [러열] 변호사
- father-in-law [파덜 인 러] 장인, 시아버지
- mother-in-law [마덜 인 러] 장모, 시어머니
- sue [쑤] 고소하다, 소송하다

bird
벌드

새

- blue bird [블루 벌드] 파랑새
- bluebird syndrome [블루벌드 신드롬] 파랑새 신드롬
  현재의 일에 흥미를 못 느끼고 미래의 막연한 행복만을 추구하는 증상
- The early bird gets the worm. [디 얼리 벌드 겟츠 더 웜]
  일찍 일어나는 새가 벌레를 잡는다.

가장 자주 쓰이는 동사 5개

wait
웨이트

기다리다

- waiting list [웨이팅 리스트] 대기 명단
- waiter [웨이터] 남성 (접객) 종업원
- waitress [웨이트리스] 여성 (접객) 웨이트리스
- Wait a minute. [웨이트 어(웨이러) 미닛] 잠시만요.

lead
리드

이끌다 / 안내하다

비교 read [뤼드] 읽다

한국말로 쓰면 똑같지만, 발음이 다르며 뜻도 완전히 다르기 때문에 주의하셔야 합니다.

- leader [리더] (어떤 그룹의) 장
- leadership [리더쉽] 지도력, 통솔력
- lead vocals [리드 보컬스] 리드 보컬

believe
빌리브

믿다

- Believe me. [빌리브 미] 나를 믿어줘.
- Do you believe in God? [두 유 빌리브 인 갓] 당신은 신을 믿나요?
- I believe [아이 빌리브] 신승훈 노래

pass
패스

통과하다 / 건네다

- passport [패스포트] 여권 (port 항구)
- Hi-pass [하이패스] 고속도로 차량 무선 지불 시스템
- a boarding pass [어 보딩 패스] 탑승권
- pass away [패스 어웨이] 세상을 등지다

stand
스탠드

서다 / 서있다

- Stand up. [스탠드 업] 일어나세요.
- Sit down. [씻 다운] 앉으세요.
- standing [스탠딩] 서서 하는

영어로 질문하는 방법 (3인칭 단수)

표현 **Does + 3인칭 단수 주어 + 동사 ~?**

주어는 ~하나요?

일반동사로 질문하기 위해서 문장 앞에 'Do'를 붙이면 됩니다. 다만, 주어가 She/He/It/단수 주어(3인칭 단수)일 경우에는 Do 대신 Does를 쓰게 됩니다.

Does	she he it 단수 주어	일반동사

He studies English. 그는 영어 공부를 합니다.

히 스터디스 잉글리쉬

Does he study English? 그는 영어 공부를 합니까?

더즈 히 스터디 잉글리쉬

연습 소리를 내면서 아래 문장을 읽어 보세요.

She reads a book. 그녀는 책을 읽습니다.
쉬 뤼즈 어 북

Does she read **a book**? 그녀는 책을 읽습니까?
더즈 쉬 뤼드 어 북

Kim plays tennis. Kim은 테니스를 칩니다.
킴 플레이스 테니스

Does Kim play **tennis**? Kim은 테니스를 칩니까?
더즈 킴 플레이 테니스

She loves you. 그녀는 당신을 사랑합니다.
쉬 럽스 유

Does she love **you**? 그녀는 당신을 사랑합니까?
더즈 쉬 럽 유

심화 아래 의문문을 반복해서 읽고 외워 보세요.

Does she **like coffee**? [더즈 쉬 라이크 커피]

Does she **have** ~? [더즈 쉬 해브]

Does she **say** ~? [더즈 쉬 세이]

Does he **get** ~? [더즈 히 겟]

Does he **go** ~? [더즈 히 고]

Does she **like** ~? [더즈 쉬 라이크]

Does she **read** ~? [더즈 쉬 뤼드]

Does he **know** ~? [더즈 히 노우]

Does he **call** ~? [더즈 히 콜]

Does she **need** ~? [더즈 쉬 니드]

Does she **use** ~? [더즈 쉬 유즈]

Does he **pay** ~? [더즈 히 페이]

퀴즈 빈칸에 be동사나 Do/Does를 넣어 의문문을 완성해 보세요.

1. ________ **she a student?**
2. ________ **you read a book?**
3. ________ **you happy?**
4. ________ **he like coffee?**
5. ________ **you know BTS?**
6. ________ **she have breakfast?**

정답: 1. Is 2. Do 3. Are 4. Does 5. Do 6. Does

TIP 지금까지 배운 내용을 간단히 표로 정리하면 아래와 같습니다.

<의문문> be동사 / 일반동사	주어	<부정문> be동사 / 일반동사
Am / Do	I	am not don't
Is / Does	she he it 단수 주어	isn't doesn't
Are / Do	we you they 복수 주어	aren't don't

가장 자주 쓰이는 명사 5개

problem
프러브럼

문제

- big problem [빅 프러블럼] 큰 문제
- health problem [헬스 프러블럼] 건강 문제
- What is your problem? [왓 이즈 유얼 프러블럼]
  당신의 문제는 무엇인가요?
- No problem. [노 프러블럼] 문제 없어요. 괜찮습니다.

software
소프트웨어

소프트웨어

비교 hardware [하드웨어]

휴대폰의 예를 들자면 케이스, 디스플레이 등 눈에 보이는 딱딱한 것들은 hardware라고 하며, 휴대폰 안에서 구동되는 유튜브, 카카오톡과 같은 프로그램들을 소프트웨어라고 이야기합니다.

- soft [소프트] 부드러운
- hard [하드] 딱딱한

control
컨트롤

지배 / 제어

- controller [컨트롤러] 조종기, 제어장치
- remote control [리모트 컨트롤] 리모컨
- control tower [컨트롤 타워] (어떤 것을) 총괄 제어하는 곳

knowledge
날리지

지식

- know [노우] 알다

knowledge에서 k는 묵음으로 소리 나지 않습니다.

- medical knowledge [메디컬 날리지] 의학적 지식
- Knowledge is power. [날리지 이즈 파워] 아는 것이 힘이다.

power
파워

힘 / 능력 / 권력

- Power Ranger [파워 레인저] 파워 레인저 (어린이 영화)
- solar power [솔라 파워] 태양 에너지
- economic power [이코노믹 파워] 경제적인 힘 (경제력)
- Knowledge is power. [날리지 이즈 파워] 아는 것이 힘이다.

가장 자주 쓰이는 동사 5개

give
기브

주다

- give and take [기브 앤 테이크] 주고받기, 기브 앤 테이크
  인간관계에서 받는 게 있으면 주는 게 있어야 한다는 뜻입니다.
- Give me ooo, please. [기브 미 OOO, 플리즈] OOO 주세요.
- give up [기브 업] 포기하다

make
메이크

만들다

- makeup [메이크업] 화장
- make sense [메이크 센스] 말이 되다
- It makes sense. [잇 메익스 센스] 그것은 말이 됩니다.
- It doesn't make sense. [잇 더즌트 메이크 센스]
  그것은 말이 되지 않습니다.

remember
리멤벌

기억하다 / 나다

• Remember me. [리멤벌 미] 나를 기억해 주세요.

cut
컷

자르다

• haircut [헤어 컷] 이발, 미용 (머리카락 자르기)
• cake cutting [케이크 컷팅(케잌 커링)] 케이크 자르기
• cut [컷] 중지, 그만! (방송이나 영화 촬영 시 감독이 외치는 말)

hear
히얼

듣다 / 들리다

비교 listen [리슨] (귀기울여) 듣다

hear은 의도하지 않고 자연스럽게 들리는 소리를 들을 때, listen은 귀기울여 집중해서 어떤 것을 듣는 것을 의미합니다.

참고 see [씨] 보다 / smell [스멜] 냄새 맡다 / taste [테이스트] 맛보다

까먹지 않도록 간판으로 영어 배워요

주변에 흔히 볼 수 있는 영어 간판을 통해 단어를 배워 보아요.

Starbucks 스타벅스

• short [숏] 〈 tall [톨] 〈 grande [그란데] 〈 venti [벤티]
제일 작은 사이즈 … 제일 큰 사이즈

Olive young 올리브영

• olive [올리브] 올리브
• young [영] 어린, 젊은

Nature republic 네이처 리퍼블릭

• nature [네이처] 자연, 본성
• republic [리퍼블릭] 공화국
• Republic of Korea [리퍼블릭 오브 코리아] 대한민국

Skin food
스킨푸드

• skin [스킨] 피부, 껍질
• food [푸드] 음식, 먹이

The body shop
더바디샵

• body [바디] 몸, 신체
• shop [샵] 가게, 상점

한국인이 대화 중 가장 자주 쓰는 단어 5개

course 콜스 — 강좌 / 항로

- English course [잉글리쉬 콜스] 영어 강좌
- driving course [드라이브 콜스] 드라이브하기 좋은 도로
- main course [메인 콜스] 코스 요리의 주된 요리

음식점의 코스 요리에서 쓰는 코스가 우리가 배우고 있는 course와 동일합니다.

case 케이스 — 경우 / 사례 / 용기

- best case [베스트 케이스] 최고의 경우
- worst case [월스트 케이스] 최악의 경우
- case study [케이스 스터디] 사례 연구(공부)
- case by case [케이스 바이 케이스] 케바케

30대 이하가 많이 쓰는 말로 사례마다, 사람마다 다름을 뜻합니다.

- plastic case [플라스틱 케이스] 플라스틱 용기

life
라이프

삶 / 인생 / 생명

- lifeguard [라이프 가드] 인명 구조원
- work and life balance [월크 앤 라이프 밸런스] 일과 (개인) 삶의 균형

최근 젊은이들이 아주 중요하게 생각하는 것으로 '워라벨'이라고 줄여 쓰기도 합니다.

- Life is Good. [라이프 이즈 굿] 인생은 좋다.

LG전자가 이 문구로 해외에서 광고했었기 때문에 LG = Life is Good으로 알고 있는 외국인이 많이 있습니다.

fact
팩트

사실

- fact check [팩트 체크] 사실 관계 확인

요즘 여러 뉴스에서 많이 하고 있습니다. 가짜 정보가 너무 많거든요.

- This is a fact. [디스 이즈 어 팩트] 이건 사실이야.

business
비즈니스

사업 / 일

- business trip [비즈니스 트립] 출장
- businessman [비즈니스맨] 경영인, 사업가
- business class [비즈니스 클래스] 비행기 높은 등급 좌석

  일반 좌석은 economy class [이코노미 클래스]라고 합니다.

- It's none of your business. [잇츠 논 오브 유얼 비즈니스]

  이건 당신의 일이 아닙니다. (당신이 상관할 바가 아니야.)

영어로 대답하는 방법

표현1 **Yes,** 주어 + be동사.

네, 그렇습니다. (주어는 ~입니다.)

No, 주어 + be동사 + not.

아니요, 그렇지 않습니다. (주어는 ~ 그렇지 않습니다.)

Are you ~?로 질문했을 경우 대답을 할 때는 Yes, I am. (맞는 경우), No, I am not. (틀린 경우)으로 대답하면 됩니다.

Are you a student? 당신은 학생입니까?
얼 유 어 스튜던트

- **Yes, I am.** 네, 그렇습니다.
예스 아이 엠

- **No, I am not.** 아니요, 그렇지 않습니다.
노 아이 엠 낫

연습 소리를 내면서 아래 문장을 읽어 보세요.

Are you happy? 당신은 행복합니까?
얼 유 해피

- **Yes.** 네.
  예스
- **Yes, I am happy.** 네, 저는 행복합니다.
  예스 아이 엠 해피
- **Yes, I am.** 네, 그렇습니다.
  예스 아이 엠

- **No.** 아니요.
  노
- **No, I am not happy.** 아니요, 저는 행복하지 않아요.
  노 아이 엠 낫 해피
- **No, I am not.** 아니요, 저는 그렇지 않아요.
  노 아이 엠 낫

표현2 **Yes, 주어 + do.**

네, 그렇습니다. (주어는 ~합니다.)

No, 주어 + do not(don't).

아니요, 그렇지 않습니다. (주어는 ~하지 않습니다.)

Do you ~?로 질문했을 경우 대답을 할 때는 Yes, I do. (맞는 경우), No, I do not. (틀린 경우)으로 대답하면 됩니다. Are you로 질문했을 때와 구분하셔야 합니다.

Do you like coffee? 당신은 커피를 좋아하나요?
두 유 라이크 커피

- **Yes, I do.** 네, 그렇습니다.
예스 아이 두

- **No, I don't.** 아니요, 그렇지 않습니다.
노 아이 돈트

TIP 간단하게 Yes 혹은 No 라고 대답하셔도 뜻이 통합니다. 또한 Yes, I like coffee. 혹은 No, I don't like coffee. 라고 전체 문장을 말하셔도 됩니다.

연습 소리를 내면서 아래 문장을 읽어 보세요.

Do you know BTS? 당신은 BTS를 아시나요?
두 유 노우 비티에스

- **Yes.** 네.
  예스
- **Yes, I know BTS.** 네, 저는 BTS를 압니다.
  예스 아이 노우 비티에스
- **Yes, I do.** 네, 그렇습니다.
  예스 아이 두

- **No.** 아니요.
  노
- **No, I don't know BTS.**
  노 아이 돈트 노우 비티에스
  아니요, 저는 BTS를 알지 못합니다.
- **No, I don't.** 아니요, 저는 그렇지 않습니다.
  노 아이 돈트

퀴즈 다음 질문에 Yes/No로 대답해 보세요.

1. **Are you a housewife?**
2. **Do you read a book?**
3. **Are you bored?**
4. **Do you watch YouTube?**
5. **Are you American?**
6. **Do you know 서건창?**

정답: 1. Yes, I am. / No, I'm not. 2. Yes, I do. / No, I don't.
3. Yes, I am. / No, I'm not. 4. Yes, I do. / No, I don't.
5. Yes, I am. / No, I'm not. 6. Yes, I do. / No, I don't.

한국인이 대화 중 가장 자주 쓰는 단어 5개

service
서(설)비스

사업 / 서비스 / 병역

- bus service [버스 서비스] 버스 운행 서비스
- public service [퍼블릭 서비스] 공공영역의 복지 서비스
- service charge [서비스 촬지] 서비스에 대한 과금
- military service [밀리터리 서비스] 병역
- tennis service [테니스 서비스] 테니스 칠 때의 서브

group
그룹

무리 / 기업 / 그룹

- a group of girls [어 그룹 오브 걸스] 한 무리의 소녀들
- a group of trees [어 그룹 오브 트리스] 한 무리의 나무들
- Samsung / SK Group [삼성/에스케이 그룹] 삼성/SK 그룹
- rock group [롹 그룹] 록을 하는 그룹(팀) (송골매)

아이돌 그룹(idol group)에도 쓰입니다.

order
올덜

주문 / 지시 / 순서

- May I have your order? [메이 아이 해브 유얼 올덜]
  제가 주문을 받아도 될까요? (식당에서 종업원이)
- under orders [언덜 오덜스] 지시 하에 있다 (지시 받은 상태)

level
레블

수준 / 정도 / 층

- level test [레블 테스트] 수준 평가
- high / low level [하이/로우 레블] 높은/낮은 수준
- high level of crime [하이 레블 오브 크라임] 높은 정도의 범죄율
- level 1 [레블 원] 1층

view
뷰

경관 / 견해

- ocean view (sea view) [오션 뷰 (씨 뷰)] 바다 전망
- mountain view [마운틴 뷰] 산 전망
- my view [마이 뷰] 나의 견해
- Christian view [크리스천 뷰] 기독교적 견해

가장 자주 쓰이는 동사 5개

hit 히트 **때리다 / 치다**

- big hit [빅히트] 대히트, 큰 성공
- no hit, no run [노히트, 노런] 무안타, 무실점 경기 (야구 용어)
- You hit me. [유 힛 미] 당신이 나를 쳤어요. (강렬한 인상을 남길 때)

act 액트 **행동하다 / 연기하다**

- actor [액털] 배우
- actress [액트리스] 여배우
- action movie [액션 무비] 액션 영화
- You need to act. [유 니드 투 액트] 당신은 행동할 필요가 있어요.

check
체크

살피다 / 알아보다

- Check your e-mail. [체크 유얼 이메일] 이메일을 확인해 보세요.
- check list [체크 리스트] 확인 목록
- check in/out [체크 인/아웃] (호텔의) 체크 인/체크 아웃

support
서폿트

지지하다 / 지원하다

- supporter [서포터] 지지자, 팬

support는 사람, 생각, 사업, 단체 등을 지원하거나 지지한다는 의미입니다.

- I support you 100%. [아이 서포트 유 헌드레드 퍼센트]
  난 100% 당신을 지지해요.

stay
스테이

(그대로) 있다

- Shilla Stay [신라 스테이] 신라스테이 (숙소명)
- Stay with me. [스테이 위드 미] 나랑 함께 있어요.
- Stay there. [스테이 데얼] 거기 있어.
- Stay cool. [스테이 쿨] 냉정을 유지하다.

영어로 대답하는 방법 (확장)

 **Yes,** 주어 + **be**동사.

네, 그렇습니다. (주어는 ~입니다.)

No, 주어 + **be**동사 + **not.**

아니요, 그렇지 않습니다. (주어는 ~ 그렇지 않습니다.)

be동사를 활용한 다양한 질문에 대해 'Yes/No, 주어 + be동사 (+ not)'로 대답하시면 됩니다. 대답할 때도 각 주어의 짝꿍인 be동사를 연결해서 말하면 됩니다.

Is she a housewife? 그녀는 주부입니까?
이즈 쉬 어 하우스와이프

- **Yes, she is.** 네, 그렇습니다.
예스 쉬 이즈

- **No, she isn't.** 아니요, 그렇지 않습니다.
노 쉬 이즌트

연습 소리를 내면서 아래 문장을 읽어 보세요.

Is she a doctor? 그녀는 의사입니까?
이즈 쉬 어 닥털

- **Yes**, she is. 네, 그렇습니다.
  예스 쉬 이즈
- **No**, she isn't. 아니요, 그렇지 않습니다.
  노 쉬 이즌트

Is it cold outside? 밖이 춥습니까?
이즈 잇 콜드 아웃사이드

- **Yes**, it is. 네, 그렇습니다.
  예스 잇 이즈
- **No**, it isn't. 아니요, 그렇지 않습니다.
  노 잇 이즌트

Is Kim happy? Kim은 행복합니까?
이즈 킴 해피

- **Yes**, he is. 네, 그렇습니다. (Kim이 남자일 경우)
  예스 히 이즈
- **No**, she isn't. 아니요, 그렇지 않습니다. (여자일 경우)
  노 쉬 이즌트

Am I late? 제가 늦었습니까?
엠 아이 레잇

- **Yes, you are.** 네, 그렇습니다.
예스 유 얼
- **No, you aren't.** 아니요, 그렇지 않습니다.
노 유 언트

Are you Chinese? 당신들은 중국인입니까?
얼 유 차이니즈

- **Yes, we are.** 네, 그렇습니다.
예스 위 얼
- **No, we aren't.** 아니요, 그렇지 않습니다.
노 위 언트

Are they American? 그들은 미국인입니까?
얼 데이 어메리칸

- **Yes, they are.** 네, 그렇습니다.
예스 데이 얼
- **No, they aren't.** 아니요, 그렇지 않습니다.
노 데이 언트

Are your kids happy? 당신 아이들은 행복합니까?
얼 유얼 키즈 해피

- **Yes**, they are. 네, 그렇습니다.
예스 데이 얼

- **No**, they aren't. 아니요, 그렇지 않습니다.
노 데이 언트

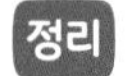

① 물어본 대로 답하기

Is she **a housewife**?

- **Yes**, she is.

② You ↔ I 바꾸기

Are you **a housewife**?

- **Yes**, I am.

퀴즈 다음 질문에 자유롭게 대답해 보세요.

1. **Are you excited?**

2. **Is he a driver?**

3. **Is it raining?**

4. **Am I handsome?**

5. **Are they Korean?**

6. **Do you like coffee?**

정답: 1. Yes, I am. / No, I am not. 2. Yes, he is. / No, he isn't.
3. Yes, it is. / No, it isn't. 4. Yes, you are. / No, you arn't.
5. Yes, they are. / No, they arn't. 6. Yes, I do. / No, I don't.

보충수업 #14 – 어렵지만 역시나 쉽게 알려드려요

영어 축약형

영어에서 자주 쓰는 축약형에 대해 복습해 보아요.

I [아이]	am [엠]	I'm [아임]
She [쉬] He [히] It [잇]	is [이즈]	She's [쉬즈] He's [히즈] It's [잇츠]
We [위] You [유] They [데이]	are [아]	We're [위얼] You're [유얼] They're [데이얼]

I [아이]	am not [엠 낫]	I'm not [아임 낫]
She [쉬] He [히] It [잇]	is not (= isn't) [이즈 낫 / 이즌트]	She's not [쉬즈 낫] He's not [히즈 낫] It's not [잇츠 낫]
We [위] You [유] They [데이]	are not (= aren't) [아 낫 / 언트]	We're not [위얼 낫] You're not [유얼 낫] They're not [데이얼 낫]

연습 소리를 내면서 아래 문장을 읽어 보세요.

I'm a student. 나는 학생이다.
아임 어 스튜던트

You're a student. 너는 학생이다.
유얼 어 스튜던트

I'm hungry. 나는 배가 고프다.
아임 헝그리

You're hungry. 너는 배가 고프다.
유얼 헝그리

He's kind. 그는 친절하다.
히즈 카인드

She's kind. 그녀는 친절하다.
쉬즈 카인드

It's sunny today. 오늘은 해가 떴다.
잇츠 써니 투데이

They're American. 그들은 미국인이다.
데이얼 어메리칸

I'm not **a student.** 나는 학생이 아니다.
아임 낫 어 스튜던트

You're not **a student.** 너는 학생이 아니다.
유얼 낫 어 스튜던트

He's not **kind.** 그는 친절하지 않다.
히즈 낫 카인드

It's not **sunny today.** 오늘은 해가 뜨지 않았다.
잇츠 낫 써니 투데이

I'm not **a student.** 나는 학생이 아니다.
아임 낫 어 스튜던트

You aren't **a student.** 너는 학생이 아니다.
유 언트 어 스튜던트

He isn't **kind.** 그는 친절하지 않다.
히 이즌트 카인드

It isn't **sunny today.** 오늘은 해가 뜨지 않았다.
잇 이즌트 써니 투데이

가장 자주 쓰이는 명사 5개

place
플레이스

장소 / 자리

- hot place [핫 플레이스] 핫플레이스
- A twosome place [어 투썸 플레이스] 투썸 플레이스 (카페)
- place of birth [플레이스 오브 버스] 태어난 장소
- This is my place. [디스 이즈 마이 플레이스]
  이곳은 내 장소야(자리야).

side
사이드

가장자리 / 편 / 면

- side dish [사이드 디쉬] 곁들임 요리
- side mirror [사이드 미러] 사이드 미러
- side brake [사이드 브레이크] 핸드 브레이크
- sunny-side up [써니 사이드 업] (한 쪽만 지진) 달걀 반숙

community
커뮤니티

지역사회 / 공동체

- community center [커뮤니티 센터] 커뮤니티 센터
- an apartment community [언 아팔트먼트 커뮤니티] 아파트 커뮤니티
- an Internet community [언 인터넷 커뮤니티] 인터넷 커뮤니티

information
인포메이션

정보

- information desk [인포메이션 데스크] 안내 데스크
- information center [인포메이션 센터] 안내(정보) 센터

  줄임말: info
- TMI: too much information [투 머치 인포메이션]

  과도하게 많은 정보를 알려준다는 부정적 의미의 신조어입니다.

war
워

전쟁

- the Second World War [더 세컨드 월드 워] 2차 세계대전
- the Korean War [더 코리안 워] 한국전쟁
- trade war [트레이드 워] 무역(통상) 전쟁

무척 쉬운데 중요한 단어 5개

money
머니

돈

- cash [캐쉬] 현금
- cash only [캐쉬 온리] 현금만 받음 (카드 결제 안됨)
- credit card [크레딧 카드] 신용 카드
- money exchange [머니 익스체인지] 환전
- Do you have money? [두 유 해브 머니] 당신 가진 돈 있습니까?

party
파티(파리)

파티 / 정당 / 단체

- a birthday/house party [어 벌스데이/하우스 파티]
  생일 파티/집에서 하는 파티
- the Republican Party [더 리퍼블리칸 파티] 공화당
- the Democratic Party [더 데모크레틱 파티] 민주당
- party of 10 [파티 오브 텐] 10명 단체

school
스쿨

학교

- high school [하이 스쿨] 고등학교
- middle school [미들 스쿨] 중학교
- elementary school [엘리멘터리 스쿨] 초등학교
- primary school [프라이머리 스쿨] 초등학교

week
위크

주

- weekdays [위크데이스] 주중 (월~금)
- weekend [위켄드] 주말 (토, 일)
- this week [디스 위크] 이번 주
- next week [넥스트 위크] 다음 주
- last week [라스트 위크] 지난주

police
폴리스

경찰

- police officer [폴리스 오피서] 경찰관
- police station [폴리스 스테이션] 경찰서

영어로 대답하는 방법 (총정리)

표현 **Yes,** 주어 + **do/does.**

네, 그렇습니다. (주어는 ~합니다.)

No, 주어 + **do/does** + **not.**

아니요, 그렇지 않습니다. (주어는 ~하지 않습니다.)

일반동사를 활용한 다양한 질문에 대해 'Yes/No, 주어 + do/don't'로 대답하면 됩니다. 대답할 때 3인칭 단수일 경우에는 does/doesn't를 활용하면 됩니다.

Does she like coffee? 그녀는 커피를 좋아하나요?
더즈 쉬 라이크 커피

- **Yes, she does.** 네, 그렇습니다.
예스 쉬 더즈

- **No, she doesn't.** 아니요, 그렇지 않습니다.
노 쉬 더즌트

연습 소리를 내면서 아래 문장을 읽어 보세요.

Does he play tennis? 그는 테니스를 칩니까?
더즈 히 플레이 테니스

- **Yes**, **he does**. 네, 그렇습니다.
예스 히 더즈

- **No**, **he doesn't**. 아니요, 그렇지 않습니다.
노 히 더즌트

Does Kim read a book? Kim이 책을 읽습니까?
더즈 킴 뤼드 어 북

- **Yes**, **he does**. 네, 그렇습니다. (Kim이 남자일 경우)
예스 히 더즈

- **No**, **she doesn't**. 아니요, 그렇지 않습니다. (여자일 경우)
노 쉬 더즌트

Do they use computers?
두 데이 유즈 컴퓨럴스
그들은 컴퓨터를 사용합니까?

- **Yes**, **they do**. 네, 그렇습니다.
예스 데이 두

- **No**, **they don't**. 아니요, 그렇지 않습니다.
노 데이 돈트

Do you need help? 너희들은 도움이 필요하니?
두 유 니드 헬프

- **Yes**, we do. 네, 필요해요.
예스 위 두

- **No**, we don't. 아니요, 필요하지 않아요.
노 위 돈트

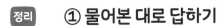

정리 ① 물어본 대로 답하기

Does he **like coffee**?

- **Yes**, he does.

② You ↔ I 바꾸기

Do you **like coffee**?

- **Yes**, I do.

퀴즈 다음 질문에 자유롭게 대답해 보세요.

1. **Are you happy?**

2. **Do you love me?**

3. **Is it raining?**

4. **Does he get a job?**

5. **Are they Korean?**

6. **Does she need help?**

정답: 1. Yes, I am. / No, I am not.
2. Yes, I do. / No, I don't.
3. Yes, it is. / No, it isn't.
4. Yes, he does. / No, he doesn't.
5. Yes, they are. / No, they aren't.
6. Yes, she does. / No, she doesn't.

광고, 좋아요, 공유, 나중에 볼 동영상

1 유튜브에서는 무료로 동영상을 볼 수 있습니다. 이유는 광고로 수익을 얻기 때문인데요. 덕분에 여러분은 비용을 지불하지 않고 유튜브를 자유롭게 쓸 수 있습니다. 동영상을 시청할 때 광고가 나오면 일정 시간 광고를 시청한 후 영상을 볼 수 있습니다. 광고를 보고 싶지 않으면 '광고 건너뛰기'를 누르면 됩니다.

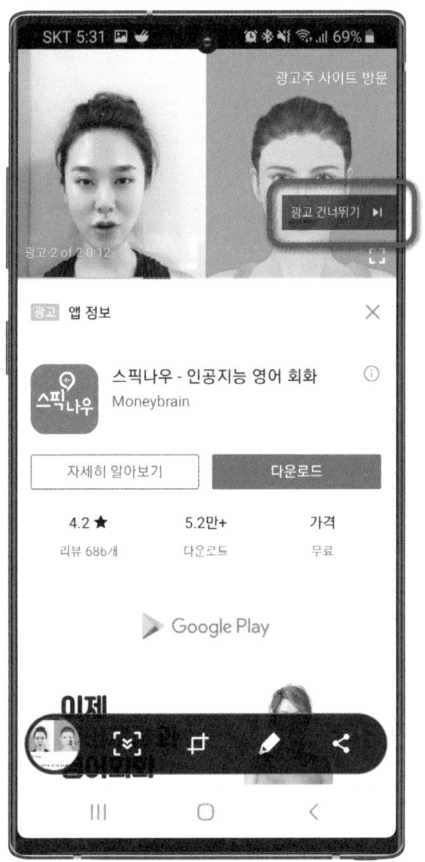

2 광고를 본 후 동영상을 볼 때 영상의 하단을 살펴보면 5개의 버튼을 볼 수 있습니다. 차례로 좋아요, 싫어요, 공유, 오프라인으로 저장, 저장 버튼인데요. 각 버튼의 기능을 알아보겠습니다.

① 좋아요

동영상을 올린 유튜버(유튜브 영상 생산자)에게 응원을 해주는 버튼입니다. '좋아요' 버튼을 누른 독자 수로 동영상의 인기도를 알 수 있습니다.

② **싫어요**

좋지 않았던 동영상이 있다면 '싫어요' 버튼을 누르시면 됩니다.

③ **공유**

여러분의 지인들에게 공유하고 싶은 동영상을 공유할 수 있습니다. '친절한 대학'을 공유해 보겠습니다. '친절한 대학'을 통해 영어를 알파벳부터 쉽게 배울 수 있도록 많이 많이 공유해 주세요.

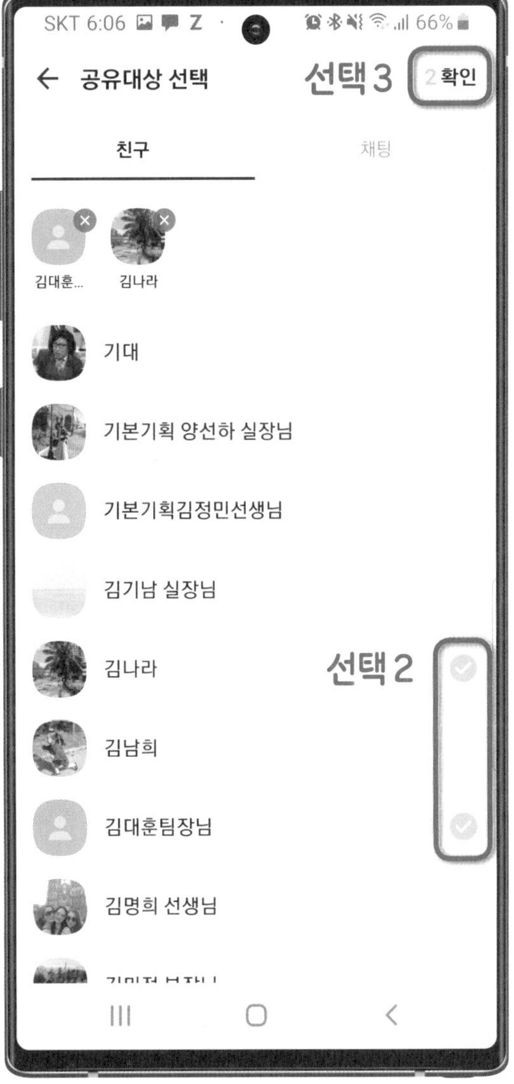

일단 공유 버튼을 클릭합니다. 그럼 왼쪽 사진처럼 공유할 앱이 여러 개 뜹니다. 그중에서 대중적으로 사용하는 카카오톡을 선택합니다.
그다음 공유 대상을 선택한 후 확인을 누릅니다. 그러면 상대방에게 '친절한 대학' 동영상이 공유됩니다.

④ 오프라인으로 저장

이 기능은 유튜브 유료 결제를 했을 때 사용할 수 있는 기능으로 따로 설명하지 않겠습니다.

⑤ 저장

나중에 동영상을 다시 볼 수 있도록 저장하는 기능을 합니다. 저장 버튼을 길게 누르면 아래와 같은 화면이 뜨는데요. 확인을 선택하면 '보관함'의 '나중에 볼 동영상'에 저장이 되어 나중에도 볼 수 있습니다. 이 기능 꼭 알아두면 좋겠죠?